岡山後楽園　文久三年・御後園絵図（岡山大学附属図書館所蔵）

六義園全図（国立国会図書館所蔵）

浴恩園全図（国立国会図書館所蔵）

水前寺庭中之図（永青文庫所蔵）

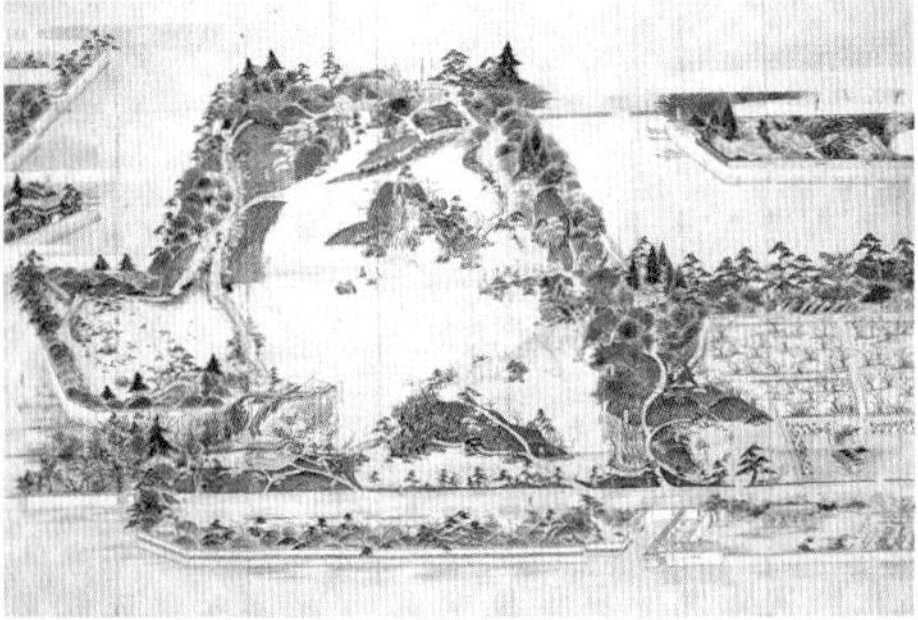

玄宮園図
（彦根城博物館
所蔵）

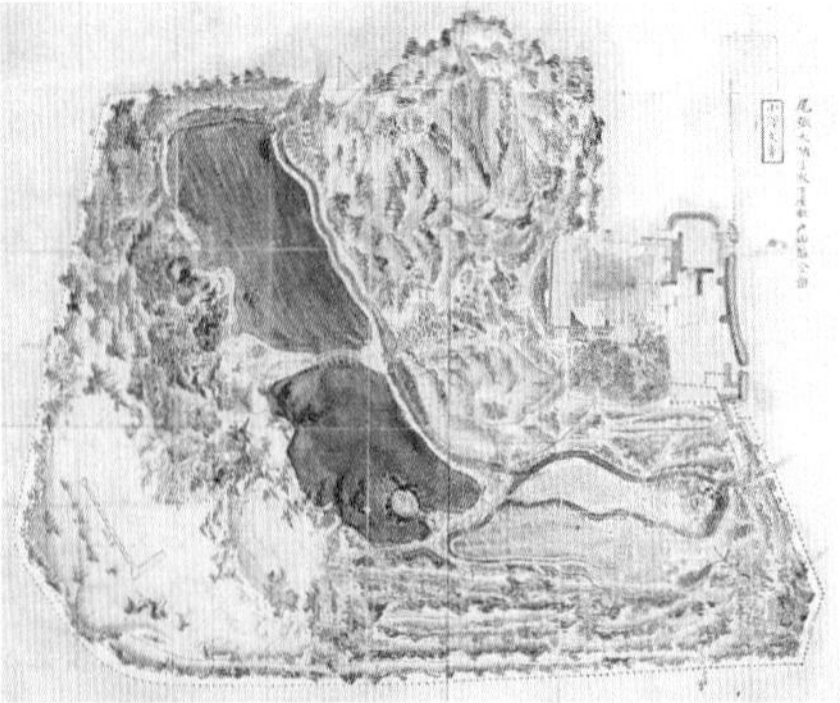

戸山荘全図
（国立国会図書館所蔵）

ちくま学芸文庫

大名庭園

江戸の饗宴

白幡洋三郎

筑摩書房

【目次】大名庭園――江戸の饗宴

▼本文中の各種文献の引用に際して次のような諸点に留意した。
一、原文の旧かなづかいを現代かなづかいを基本に、読みやすく書き直した。
二、カタカナ書きはひらがな書きに直した。
三、句読点のないものには、適宜これを付した。
四、原文の明らかな誤記・誤植に限って書き改め、原形を尊重した。
▼各章の扉挿絵はコンドル『日本の風景造園術』より採った。

大名庭園——江戸の饗宴

序章　饗宴の園

Fig. 21.

園遊会の楽しみ

「おや、あなたもお招きで？」

「そういうあなたも。今日はなかなかに楽しげなご様子で」

「そりゃもう。紅葉も今が盛り。それに、お天気もよし」

「こんな時期に、園遊のお招きにあずかれるとは。ありがたいことですな」

話をしながら園路を行くのは、ここ水戸藩の上《かみ》屋敷に出入りの医師と旗本らしい。

「当邸の奥方様は、なかなかくだけた方で、もてなしもお上手」

「遊び好きで、機知にも富んでいらっしゃる」

「おや、そば屋の店が出ていますな」

よしず張りの店が設けられ、後ろには「神代そば」の文字が記された簾《すだれ》が風に揺れている。掛けあんどんには、なにか長々と記されている。文面は……

〈役味は山田のおろち、大根醤油の風味は、天《あま》の浮橋〉

「そばが神代なら、薬味の大根おろしが『やまたのおろち』とはまた一興。山中の畑からとれた大根をおろしたというわけですか。そばつゆの味付けは甘いめの『天の』浮橋というわけですな」

「おもしろい。大名の奥方のお招きにしては、ずいぶん柔らかい雰囲気ですね」

「いいえ、いつものことですよ。私はこんな園遊会が大好きでして」
「歌がかかっていますよ。なになに……『やわらかに　かみよしそばは　おのずから　高間が原にとどまりにけり』」
「やわらかく『嚙みよし』、と『神代』をかけたわけですか」
「高間が原に腹をあてて、嚙みやすいそばが腹にすんなり納まるとは。町なかのそば屋の歌なら上出来だが、お大名の奥方の御歌にしては、あまり上品とはいえませんな」

大名庭園での園遊会に招かれた二人の会話体で書き始めたが、どうも現代的な感覚でこの催しの趣向を判断してしまいそうになった。やはりこれは別のスタイルで書いて行くのが安全のようだ。

ただし、架空の二人を登場させたが、人物は架空でも、この催しそのものは事実行われた。場所はいま銀白の巨大な屋根におおわれた東京ドームが、すぐ脇にそびえ立つ小石川《こいしかわ》の後楽園。水戸藩の編年体事業史である『水戸紀年』によれば、文政《ぶんせい》十一年（一八二八）の秋のことである。

十月二十七日　御守殿　御用達御医師等後楽園拝観を命ぜらる。

「御守殿」とは当時の水戸藩主、水戸斉脩《なりのぶ》の正室「峰姫」のこと。峰姫は時の将軍第十一代家斉《いえなり》の第十三子、第八女である。斉脩のもとに輿入《こしい》れしてから十四年目の秋のことだった。

『水戸紀年』には「拝観を命ぜらる」といかめしいが、じっさいは気がおけないずいぶん楽しい催しで、私がこれを「園遊会」と記したのも勇み足とはいえない。いや勇み足どころか、控え目すぎる表現かも知れない。というのもこれらの催しは大がかりで、趣向を盛り上げるための準備に大変な時間と金をかけるものも多かったからだ。

　種々御滑稽の御趣向あり。先ず御庭に仮りの見せ蘆籠《よしず》張りにて、後簾には神代そばとあり、懸あんどんに役味は山田のおろち大こんしょうゆのふうみは阿まの浮はしとありて、御歌に……。(『水戸紀年』)

とあり、さきに挙げた「やわらかに……」の歌が記されている。その後に続けて、

　又、一ヵ所には御茶漬の見世《みせ》ありて、これ又御戯言《ざれごと》あり。

三菜茶漬

阿めつちの　ひらけし中に　人のめす　茶漬かけにも　三さいとしれ。(同前)

とある。これもただたんに御茶漬けの店を出すだけでなく、具の山菜にも「三才」「三災」「三際」などをかけている。天地人の三才つまり宇宙の万物や、水災・火災・兵災の三つの災い、あるいは、過去・現在・未来の三際（三世）などをかけて詠んだ歌で、機知を楽しむといった趣向をとっている。

しかもそば屋や茶漬けの店を開くだけでなく、ちゃんとした茶席を設けて、掛け物や器にも遊び心をたっぷり盛った用意がなされていた。記録には、「一、御南荘　御掛物大津絵鬼念仏　一、御花活橘盆　どうだん、さざんか、くさ　一、御風呂　今戸焼しちりん　一、御茶　京焼の土びん　一、御茶入　しおからつぼ」などと記され、「一、御菓子　八里半、さつまいもなり　一、御菓子盆　亀の子ざる」とあるから、七輪を風炉に見立てたり、サツマイモをお菓子にしたりと、意表を突いた趣向を隅々にまでめぐらせて遊ぼうとする精神が感じられる。

ここ、後楽園では翌月には、江戸城の女中連を招いての宴席が設けられた。

西丸の女子を御守殿御庭に召さる。公　志賀理介に仰付られ、掛行灯に戯言を題し、女中共の一笑になすべき旨命ぜらる。理介すなわち団子の由来を書て団子の仮見世にかけたり。（同前）

招待者みずからが、女中が笑い飛ばすような歌をつくれ、と命じて、それを材料にして大いに楽しもう、遊ぼうというわけだ。とにかく遊興の場として、江戸後期の大名庭園はおおいに機能していたようだ。後楽園ではこの翌年、文政十二年（一八二九）の三月十五日花見の宴が開かれている。

御守殿より御付のものに後楽園の花見を仰付られ、宴を賜りける、公　花見のことを謡《うたい》の文に御作りなされ、三谷総兵衛ふしつけて唄い、御聴に入奉る。（同前）

家臣たちに花見の宴会をさせ、謡曲をつくらせてうたわせる。なにか事あるごとに宴席を設けて楽しむ。庭園が生き生きと使われていることがうかがえる。

江戸の各藩の庭園では、頻繁に宴会が催された。少人数で風雅を楽しむ、おとなしいものもあったが、また大勢がにぎやかに、時にはどんちゃん騒ぎをする催しも少なくなかった。園遊会と記したけれども、その豪勢さにぎやかさ、重要な社交の機能を帯びた催しは、むしろ饗宴や祝祭といった語感が似合うのではないかと思う。

事実、後楽園でも、冒頭の架空の会話のとき、文政十一年の「拝観」、あるいはさきに挙げた花見の宴会などを含め、ずいぶん大がかりな園遊の催しが何度も行われた。

記録に残るもっとも古くもっとも盛大な後楽園での園遊の催しは、元禄《げんろく》時代のもの。さきの園遊会をさかのぼることおよそ百三十年。ときの将軍綱吉《つなよし》の生母桂昌院《けいしょういん》が訪れたときである。先々代の将軍、第三代家光《いえみつ》の愛妾であり、現将軍の母親の訪問である。この時園内の大改造が行われ、万全が期された。来園に向けて大がかりな準備が早くからなされ、当日は、さまざまな趣向を凝らした盛大な催しが用意された。それ以後も後楽園の歴史は、数多くの祝祭・饗宴に彩られている。

桂昌院、六義園を訪ねる

後楽園と同じく、今も往時の姿を多く残している六義園《りくぎえん》も、やはり何度も盛大な祝祭行事の舞台となっている。桂昌院は後楽園訪問の前年、元禄十四年(一七〇一)側用人柳沢《やなぎさわ》吉保《よしやす》が当時駒込に造営中のさなかにここを訪れている。旧暦四月二十五日、今でいえば五月の中・下旬あたりだろう。新緑が萌え、ツツジ類が美しく咲きそろう頃、すばらしい時候の頃である。

翌元禄十五年に当主の柳沢吉保が、園内をめぐりつつ各所に命名を行うことになるから、この時はまだ六義園は未完成といってよい。そんな庭園に将軍の生母が訪れるのだから、吉保と将軍家(綱吉)との親密な関係が取りざたされるのももっともであるし、また将軍家の吉保へのなみなみならぬ信頼がうかがえる。

この時の桂昌院の訪問は、記録によれば社寺参詣の帰途に立ち寄ったことになっている。道灌山、王子稲荷、円勝寺、谷中感応寺、日暮里をめぐる参詣ののち、江戸城に戻る途中、偶然に立ち寄ったという記載が残されている。しかしじっさいはそんなことはない。

　三の丸（桂昌院）王子という所のいなりにもうで給う。……かえりおわしますに、よぎぬ道なれば、駒ごめの山ざとにたちよらせ、給うべき御けしきあなりとて、御もうけいみじういそぐ。この日は二十五日なりけり。（『松蔭日記《まつかげのにつき》』「一〇、から衣」）

「駒ごめの山ざと」とは六義園を指すが、「たちよらせ、給うべき御けしきあなりとて」とあるように、立ち寄ることはあらかじめ伝えられている。将軍自身の御成《おなり》と同じように、前年から内々に訪問が行われることは通知されている。「御もうけいみじういそぐ」とあるから、この訪問にあわせて六義園の造成が急がれたに違いない。当日までに工事が完了するのではないにしても、訪問を受け入れるに十分な整備は終わっていたことだろう。

　さて、桂昌院訪問の当日、柳沢家では、朝からごった返すような気配で、準備に大わらわである。桂昌院を招じ入れる御殿の座敷には、松・竹などめでたい画題の掛物や立派な屏風がしつらえられた。庭は下草などもきれいに刈って、打ち水がなされた。吉保の子供たち、正室、側室、女中連がみな、いつ桂昌院が到着してもよいように準備を整えて待機している。

そこへ桂昌院が乗る御輿《みこし》が到着した。「ひつじくだる程」と記されているから「未《ひつじ》の下刻」およそ午後二時から三時ころだろう。お供として多数の家臣が付き従っている。そのほか僧や医師など日頃桂昌院の身近に出入りしている親しい関係者も同行している。『松蔭日記』ではとくに「ごじいんの僧」の名をあげている。

護持院は、神田にあった真言宗の寺である。湯島にあった知足院が移され、護持院と改められたのが元禄元年（一六八八）。将軍綱吉と桂昌院の厚い庇護をうけて隆盛を極めた。綱吉と桂昌院二人の護持院参詣を合わせると数十回に及ぶほどである。この護持院は、享保二年（一七一七）の大火で堂塔が焼失したのち、幕府（吉宗《よしむね》）の命で護国寺域内に移された。跡地は延焼防止のための空地、火除地とされ、広々とした景観から「護持院が原」と呼ばれた。茶店などもあって、江戸市民の遊観地としてにぎわう名所になった。

桂昌院の御成があったこの時期は護持院の最盛期である。その僧がお供している。このほか女中たちも数知れずといった大部隊である。江戸の上流の人々が多数あつまる大宴会といってよい。

将軍の御成では随行が数百人に及ぶことが珍しくなかったが、おそらくこの時も桂昌院には百を越すお供が付き従っていたことだろう。この一行を、柳沢家の主だった者は皆、門前に立ち並んで出迎えた。

渡殿《わたどの》に御輿よせておりさせ給うに、女方出おわして迎え奉り給うさま、またいとにぎわわしうなん。（同前）

御成御殿につながる入り口であるらしい「渡殿」の前で、桂昌院は輿から下りた。柳沢家の女連中が多数これを迎える。そのにぎやかなこと。常日頃はあまりないことである。なにしろこの庭園は「やまざと」という設定で性格づけられているから、人のにぎわいはふだんは無いことになっている。しかし庭園のとくに目立ったハレの機能は、将軍の御成やこのような重要人物の訪問を受けとめる「饗宴」の装置としてのものだった。

御輿をおりた桂昌院が御殿にあがると、贈り物のやりとりが行われた。将軍御成の時のような、正式な儀礼にのっとって行われるいかめしいものと同じではないにしても、きわめて数多くの贈答のやりとりが行われる。

園内の山里

この儀礼が済むと「やがて御庭におりさせ給う」。つまり桂昌院が庭に降り立つわけだが、ここから堅苦しい形式的なやりとりではない、娯楽のもてなしへと移行する。「彼萱《かのかや》が軒端《のきば》、げにいみじう珍しとおぼす」と記されているから、どうやら桂昌院は民家風建物のカヤぶき屋根に興味を示したらしい。ふだん目にすることのないカヤぶきのひなびた建物に目を留め、質問することは江戸城の奥に住まう者にとって当然の行為だろう。柳沢家にとっては、してやったりといったところか、それとも興味を示され、喜ばれたのだと安堵し嬉しかったことだろう。この建物では「くだもの」というから果物もしくは菓子か酒の肴が出された。

全体として、この日の庭でのもてなしは、ぜいたくで派手なものではなく、素朴な庶民生活を再現し、市井の雰囲気をつくり出して、その気分を桂昌院一行に満喫させることを目指しているらしい。

庭園内の建物には「山里びたる縄簾《なわすだれ》、竹簾などもあらあらしう、さすがにむつかしげなくて、出入るたびにはらはらとなりたるもおかし」といったふうに、縄のれんや小竹の筒をつないだ簾がかかっている、茶店や民家風の園亭を建て並べて、屋並みからも街道筋や山村の雰囲気を出すように心がけているようだ。

その屋どもあやしき市町《いちまち》めきてしなして、あき物のさままなびたり。ある所にはうつくしきはりこなどすべておさなきもてあそびものおおくあり。又かたえにはべになどいう物をはじめて、女のもてなす物をぞうる。あるところには、おおぎ、おもしろきそうし、くだ物ようの物ならべたり。草花千ぐさとあつめたる、露のおき所もおもしろうし

なしたり。酒うる店などもありけり。（同前）

桂昌院に付き従ってやってくる者には幼い者もいる。そこで彼らのために張り子の人形やその他の玩具をそろえて商いをしているかのような店も設けられている。かとおもえば、女中連のためには、頬紅や白粉《おしろい》を商う店、女性用の扇や簪《かんざし》など小間物を扱う店、絵入り本である「草子《そうし》」を売る店、草花をそろえた園芸店、酒屋なども用意されていた。

美しい晴れ着に身を包んだきらびやかな「女房」たちが、三々五々つれだって、あちらの「店」こちらの「店」と、模擬店をつぎつぎにのぞ

六義園之図　(国立国会図書館所蔵)

き込んでは笑いさざめいている。

　このときの御成の細部の様子をうかがうことができる史料として、ここまでも『松蔭日記』を利用してきた。しかしこれは平安朝の日記を真似た擬古文で、いささか感情過多、思い入れの強い文章であり誇張された部分を割り引いて読む必要がある。

　たとえば、

　此《この》あたりあやしき山賤《やまがつ》などは見《み》馴《なれ》ぬさまに驚きつつ、賤《しず》の女《め》が額髪そぞろに引揚《ひきあげ》つつ祭見る心地してめであえり。(同前)

などという一節がある。山里の下賤な村人たちが、にぎやかできらびやかな上流の人々の姿を多数見せつけられて、まるでお祭りを見るかのように目を丸くしているというわけだ。

もちろん村人の役を演じているのは、柳沢家の使用人や、あらかじめ十分な人選を経て、指示を受けた人々であるはず。誇張以上に、この「御成」を虚構の物語仕立てにしているのは明らかである。けれども、脚色の部分を差し引いて読んだとしても、このときの盛大な訪問、にぎやかな園遊の雰囲気をうかがい知ることができる大事な史料であることには間違いない。

さて、女房たちの買い物、店先のひやかしなどが一段落したあと、桂昌院は再び御殿に上がり、今度は酒宴になった。位の高い者低い者、上下をへだてずたっぷり酒が用意され、皆たいへん機嫌良く酔っぱらったらしい。桂昌院も飽きることなく、まだまだ楽しみたい様子であった。けれども、江戸城までの道のりは遠く、日が暮れるまでに帰り着いたほうがよかろうと人々がすすめて「ようよう帰りおわしましけり」とある。

ようやくお帰りになった、というのは柳沢家のもてなしを自画自賛する気配が濃厚だが、やはりふだんは味わえない楽しい催しで、桂昌院が後ろ髪引かれつつ帰っていったと考えても良いだろう。誇張を割り引いたとしても、相当に宴の興ははずんだようだ。一行の帰還に際しては、

ありつる屋どもにおきたるものみな奉《たてまつ》らせ給いぬ、（同前）

模擬店の店先にひろげた品々すべてを、おみやげに持たせたという。

実質的には数時間の御成であったが、そのための準備、当日の接待の費用や心づかいはたいへんなものである。このような御成にともなう園遊会を頂点として、大名庭園は遊興、宴の施設としての社交場の性格を洗練させていった。

六義園への桂昌院の御成の際に行われた園遊は、きわめて盛大なものだった。将軍綱吉も六義園を訪れているが、綱吉の場合はむしろ神田橋にあったという吉保の本邸を訪れることが多かった。なお柳沢吉保は、元禄十四年（一七〇一）に、綱吉の名の「吉」を一字いただいて吉保になったので、それまでは正確にいうと柳沢保明《やすあき》である。柳沢家への綱吉の御成の数は、保明時代には四十一回、吉保になってからは十七回、合計五十八回にも及んだ。

桂昌院の御成の翌年、元禄十五年（一七〇二）が六義園完成の年とされているが、さらにその翌年には綱吉の長女鶴姫、養女八重姫が六義園を訪れており、このときもきわめて盛大なもてなしがなされた。六義園に限らず江戸にあった大名庭園は、このような饗宴の庭としての性格を強くもつようになる。とりわけ、将軍綱吉の代にそのような性格がつくりあげられた。

第一章

茶の儀礼を越えて

大名庭園の成立

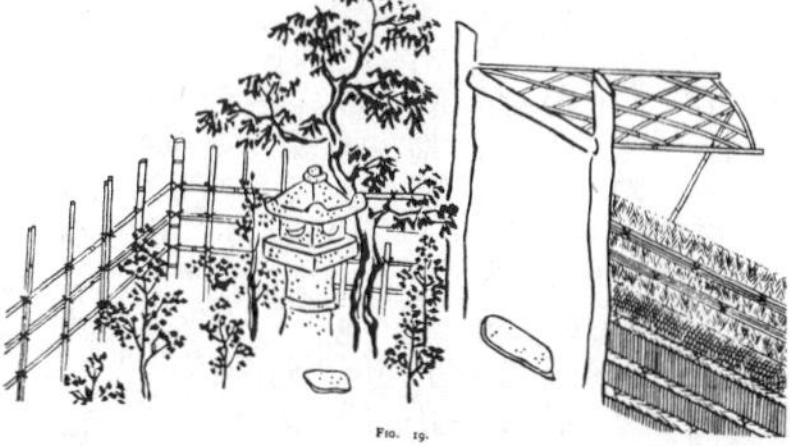

Fig. 19.

1 大名屋敷とその庭園

自然景観の活用

徳川家康《いえやす》が、家臣とともに江戸城に入城したのは天正《てんしょう》十八年（一五九〇）八月朔日（一日）のことである。その前月、秀吉《ひでよし》を総帥とする豊臣方の軍勢により小田原城が落城、北条氏は滅亡した。その旧領を支配すべしとの命で家康は江戸に入ったのである。

これは小田原攻めの論功行賞ではあるが、家康は旧領である駿河・三河・遠江《とおとうみ》・甲斐・信濃を失った。あらたに与えられたのが北条氏の旧領である関八州と呼ばれる地域、およそ二百四十万石である。秀吉は家康の勢力が強大になるのを押さえるため、強固な地盤である三河を中心とする東海諸地方から引き離し、またここを地盤とする在地武士を地元から分離させる策をとったとの後世の解釈がある。これももちろん説得力がある。表面的にはただの転封《てんぽう》であり、移封であるが、家康の勢力封じとの解釈が可能だから、当時の家臣たちの中にも強い反対論があった。しかし、江戸支配を家康自身が願ったとの説もあり、また家康は戦禍に荒廃した小田原の再興を計画したが、秀吉の勧めで江戸に居を構えることにしたなど諸説がある。

いずれの説にももっともなところがあり、しかし一つの説だけでは、この大きな政治地図の変化を説明し尽くすことはできない。

だが、家康転封に関する諸説の吟味は、のちの大名庭園の発展にとっては、とくに大きな意味はない。偶然であれ必然であれ、また望んでかいやいやか、いずれにせよ家康がこの地を選んだことが重要である。後背地である広大な武蔵野の原野、あるいは東の隅田川一帯のデルタ地帯の存在が、江戸の都市としての発展、ひいては大名の広大な屋敷とその庭園を生む豊かな母胎になったからだ。

ほとんど町並みも屋敷もないところへの新都市の建設が、その後行われた。そのことは、大名庭園の誕生にとって大きな意味を持っている。

まず第一に、規模・面積が従来の制約から解放されたこと。つまり、それまで京都を中心に発展してきた庭園が、多かれ少なかれ従わざるを得なかったスケールを大幅に越える土地が与えられたことである。

第二に、各大名が与えられた広大な屋敷地には、自然な景観が備わっていたこと。大名たちが、まずは住まいを建てたとしても、余った土地はほぼ手つかずで放置され、それが自然な景観を示していた。この自然景観をうまく活用することが新たな造園を生み出したことである。

大名庭園のこの二つの性格的特徴、すなわち、規模の自由度（大規模）と既存の自然景観の重視（山里風）は、しかし初期の大名の邸宅に設けられた庭園にはかならずしも見られなかった性格である。大名庭園は、明暦《めいれき》の大火（一六五七）後、各大名に本拠とは別の屋敷地が与えられるようになった後に広まった造園様式である。余分に持つことができるようになった屋敷地は、中《なか》屋敷・下《しも》屋敷などと通称され、大規模な庭園築造の受け皿となる。

大名庭園と呼びうる独特の造園様式の成立は、やはり明暦の大火（一六五七）以後に生まれたものといわねばならない。この点については後にふれることにして、家康の江戸入城時の大名の屋敷地並びに庭園の特徴に話をもどそう。

江戸開府とともに

江戸城に居を定めた家康は、軍事的防衛の観点から、まず側近・重臣たちへ屋敷地を配分していった。三河や駿河など旧領地にいた家臣団を、城下近くに配置したが、その中でも大禄の者は遠くに、小禄の者は城下のすぐ膝元に屋敷割りを行ったといわれる。遠く、とはいっても初期の江戸城周辺であるから、現在でいえば皇居を中心としてそれほど離れていない中枢部である。わずかな例外を除けば、要するに信頼できる者を近くに、が基本である。こうして江戸城周辺には城下町らしい武家地の町並みが形成されて行く。

家康が江戸に居を定め、城下町建設を始めてから八年、慶長《けいちょう》三年（一五九八）に豊臣秀吉が他界する。その後の天下を誰が治めるかをめぐる争い、慶長五年（一六〇〇）のいわゆる天下分け目の戦い、関ヶ原合戦で家康が勝利し実権を握る。さらに慶長八年（一六〇三）征夷大将軍に任ぜられた家康は、幕府を江戸に置く決定を下す。このことは、日本史上に大転換をもたらした。

大きな転換とは、政治の中心が京都あるいは大坂から東国の江戸に移るといった政治史上の変化だけではない。その後の日本の交通や経済、都市構造や生活様式の変化においても大きな意味を持っている。芸術や文化の面でもこれは同じである。

したがって庭園を扱う本書においても、徳川氏による江戸開府が持つ意味は重大である。まず第一に、江戸開府は、それまで京都中心で動いてきた造園界に新たな中心が生まれることを意味した。また第二に、これまでになかった大名庭園という新しい造園様式を生み出す環境がつくられたことである。

たんなる一大名の城下町から、全国を統合する中心地としての幕府の地となった江戸には、豪壮な武家屋敷が軒を並べることになる。

江戸開府初期の事情を記した文献として知られる『慶長見聞集《けいちょうけんぶんしゅう》』は、その様子を次のように伝えている。

諸侯大夫の屋形つくりを見るに、ただ小山の並びたるが如し、棟破風光り輝くその内に、竜は雲に乗じて海水を捲き上げ、孔雀鳳凰の翼を並べて舞下る。是をふりさけみんとすれば、天津光うつろい眩ゆくしてその形さだかに見えがたし。軒の廻り門の傍りに虎が毛をふるい、獅子がはがしらする風情、誠に活きて動くかと身の毛のよだちて辺りへ寄り難し……。

こうした記録につきものの、大げさで誇張された表現が見られるものの、武家屋敷の屋根が民家などくらべものにならないほど大きくかつ抜きんでていたらしいことは想像できる。また軒や破風などに竜や孔雀、鳳凰などの彫刻が絢爛豪華に取り付けられていたこと、虎や獅子の彫刻もあったことなどがわかる。この状況を説明するとすれば、桃山風の豪壮な建築が新開地の江戸に移植されてきたような景観を呈していた、といってよいだろう。

建物は壮大、絢爛だったようだが、屋敷内の庭園はかならずしも大規模で華麗なものだったようには思われない。一般の武家はいうに及ばず、どうやら大名の屋敷においても似たような事情であったようだ。当時の大名屋敷の庭園の様子を、いくつかの史料からうかがってみよう。

捨露地

元和《げんな》九年（一六二三）二代将軍秀忠は、名古屋城主（尾張徳川家）義直《よしなお》の屋敷を訪れている。

二月十三日　公　尾張中納言義直卿の亭に渡御あり。御相伴紀伊黄門頼宣《よりのぶ》、水戸参議頼房二卿、藤堂和泉守高虎、黎明に義直卿の家捨露地の辺に予参して御成を待つ。(『東武実録』)

「公」は徳川秀忠である。このとき将軍を迎えた尾張徳川家とともに、のちに御三家と呼ばれるようになる紀伊徳川家の藩主徳川頼宣と水戸徳川家の藩主徳川頼房、そして重臣である藤堂高虎が供奉《ぐぶ》すべく待ち構えている。彼らは、早くも明け方から尾張家の屋敷の「捨露地」のあたりに参上して、将軍の到来を待っているのである。御成をうける尾張家の当主義直の方は、もっと早くから迎える態勢に入っている。

未明に義直卿御迎として西の丸に登営、御成以前に退出す。(同前)

なんと、未明にわざわざ江戸城西の丸に登城して、おそらく御迎えの挨拶を述べたのであろう。それから屋敷に戻って将軍の到来を待っているらしい。

その将軍秀忠は、「卯の中刻」というから午前六時頃に到着した。頼宣、頼房、高虎の

三名は、露地の外に出てまず出迎えた。将軍の方は、

捨露地の御くつろげ所に於て御下輿有、内露地に渡御あり。(同前)

すなわち「捨露地」まで輿《こし》に乗ってきてそこで降り立った。それから「内露地」を経てのち、「数寄屋」に入って掛け物などを見た。それから料理の膳、酒が出された。

御銚子三遍過《すぎ》て、御湯を出し、御中立あり。(同前)

中立のとき秀忠は露地の「休息所」に出たという。

こののちも御成の行事はさまざまに続くが、それを追っていては膨大な記述になって、庭園に注目する余裕がなくなってしまう。これまでのところで、かいま見ることができた大名屋敷徳川義直邸の庭園について考えてみたい。

「外露地」「捨露地」「内露地」「休息所」などの表現がみられるから、なにか茶室風の庭園のしつらいは、この屋敷に備わっていたらしいことが想像される。だがその規模や景観の様子はどのようなものだろうか。

「捨露地」で輿《こし》を下りるから、ここは比較的広いはずだ。「内露地」は歩く空間で狭いと

思われる。「捨露地」には「御くつろげ所」があるというが、それは「御休息所」と違うものか同じものかがわからない。今の庭園にも見られるような、腰掛けに屋根のついた四阿《あずまや》のようなものとも思われるがはっきりしない。しかし別に「数寄屋」の建物があって、食事の膳や酒、お茶が出されたりするわけだから、「御くつろげ所」は、「数寄屋」よりは簡略な建物とみなしてよいだろう。規模ははっきりしないが、やはり当時の茶事にかなったものとすれば極端にミニチュアではないが、かといって大規模なものでもない茶室と考えるのが普通ではないか。こんな建物が備わった庭園だから、その規模も自ずと判断できよう。つまり、のちの大名庭園のような大規模な回遊式庭園ではなかったことはわかる。庭園を思わせる記述は、「外露地」「捨露地」「内露地」「休息所」くらいしかないからである。

さて、秀忠は「中立」のため露地の「休息所」へ出た後、「数寄屋」に入ってそこで茶が出された。ついで「御成書院」へ。ここでもいくつかの儀礼が行われ、のちに猿楽の鑑賞があり、その後また膳が出された。たいへんな贈答のやりとりと食事の回数である。こうした一連の行事からは、当時の政治的な儀礼や社交の煩雑さとともに、その重要性もうかがえる。この秀忠の徳川義直邸訪問から五日後、秀忠の次子家光が同じく義直邸を訪問している。そして家光は、数ヵ月後には、秀忠のあとを継いで三代将軍の位に就く。

秀忠が将軍在職中に行った、臣下訪問の「御成」は、徳川義直邸訪問が最後のものである。しかも親藩に対するものとしてはこれ一回きりである。五日後の家光の訪問を考えると、将軍職継承にからんだ「御成」と考えてよいだろう。しかもこの「御成」は、大がかりであり、詳しい記録が残されていることからも、きわめて政治的で、幕政を遂行する上でも重要なものだったことがうかがえる。将軍を取り巻いて、将軍職継承にかかわる重要な会話が行われたとも想像できる。御成用の御殿や数寄屋とともに、政治的な密談を含む儀礼や社交の重要な舞台装置として、茶事を行える庭園が、武家・大名には必要になってゆく。

茶事の役割

秀忠の時代に「御成」には「茶事」がつきものになり、「数寄の御成」という形式が常態化するという（佐藤豊三「将軍家御成について——徳川将軍家の御成」）。

御成を受け入れる大名の側では、屋敷に茶室・茶庭を設けることが当然のこととなっていった。大名の屋敷には茶庭は欠かせない装置になっていったのである。その背景として、京都における宮廷、公家の文化の存在とその東国、武家文化への影響を考えないわけにはゆかない。「寛永《かんえい》文化」とこれまで称されてきた京都の宮廷文化、たとえば後水尾上皇らを含む公家たちのあいだで花開いた、茶事を核とする、建築・芸術・文芸など社交の楽しみを軸にしたサロン文化である。その舞台としての桂離宮《かつらりきゅう》の庭園や修学院離宮《しゅがくいんりきゅう》の庭園を武家文化のかかわりの中で考察しなければならない。

従来、宮廷文化の華として桂や修学院を庭園芸術の中で褒めそやす庭園史はずいぶん書かれてきた。しかしそれがじつは、東国の「武骨」な武家文化とかかわりがあり、その中の大名庭園に受け継がれ、あるいは大名庭園の中で桂離宮や修学院離宮のような宮廷の庭園が全面的に開花したという考えは全くなかった。大名庭園の成立と、その発展、そしてその価値は宮廷の庭園を評価する姿勢からは、まったく顧みられたことがなかった。じっさい大名の庭園は、茶事、宮廷のサロン、京都の庭園とは一線を画して語られてきたのである。だが江戸の大名屋敷の庭園と京都の庭園とは別に考えることができない、切り離せないものなのである。しかも大名の庭園は、京都に生まれたサロン文化を上回る規模で、さらに発展させた豊かな社交の文化を生んでいる。

このことを考察する前提として、もう少し江戸における幕府初期の御成に現れる庭園の様子をうかがってみることにしよう。

2 御成と庭園

家光の御成

三代将軍家光の御成の際、大名屋敷の庭園の存在をうかがわせる記録が、徳川歴代将軍の事績を記した『徳川実紀』に、いくつかあらわれる。

寛永元年(一六二四)、家光は若松城主蒲生忠郷《がもうただなと》の屋敷を訪れた。この日のために忠郷は豪華な御成門をつくった。のち、その壮麗な門を一目見ようと、朝から晩まで見物客がひきもきらず多数つめかけたため、この門が「日暮《ひぐら》しの門」と呼ばれるようになったとの逸話が残っているほどである。御成を機につくられる施設のうちでとくに江戸初期には御成門の存在は大きい。さて、家光の蒲生邸御成である。

此日快晴なりしに、堂室便座、簾幙闌帳、錦羅衆人の目を驚かさずという事なし。ことに宋徽宗宸翰鷹《きそうしんかん》の掛幅、達摩の墨跡をはじめ、書画文房茶具、古今の奇珍を雑陳せり。

(「大猷院殿御実記」)

「便座」は（トイレの装置ではなく）貴人が腰をかける席であり、部屋にしても装飾品にしても誰もがあっと驚くほどのものである。だが飾り物の大半は、宋の徽宗帝の画幅など、豪勢な茶事にふさわしい書画墨跡の名品のたぐいであり、この宴席が茶事を中心に考えられていたことがうかがえる。

じつにや忠郷《たださと》が祖父宰相氏郷《うじさと》は、織田殿の聟《むこ》にて、封地百万石にあまり、殊更和歌茶道の数寄者にて、賞鑑の名高かりしかば、和漢の奇貨珍宝を蓄積する所理りなりとて、皆人感賞す。床には柴船という名香を大麒麟の銅炉にくゆらせたり。（同前）

忠郷の祖父が集めた茶道具を精一杯使い、茶事を豪勢に行うことでもてなそうとしている。茶事を中心に御成が行われ、庭園はその舞台としての役割を持たされる、初期大名庭園の性格づけがここにははっきり現れている。

このときの御成では、礼式にのっとって、御膳、酒が出された。膳は「山海の珍味をつくし」と形容されている。その食膳ののち、家光は庭に降り立った。まだ桜の残る季節である。その木陰に席が設けられ、家光はまずここから庭を眺めた。

玉川の水を引いた広い流れがあり、鹿の足跡が残る山道、杉皮で葺いた茶店がしつらえられていた。

玉川の水をせきいれしかば、波広くして大河かとうたがう。山路には樵径《しょうけい》をつくり、鹿の足あとなどありて、其《その》幽邃のさま、深山の如し、深林の下にかりの茶店をかまえ、杉皮をもて葺き、竹を柱とし、獅子《しし》香炉《こうろ》に時鳥《ほととぎす》の初音という名香をたきしめたり。（同前）

例によってここにも表現に誇張があるのは間違いないが、「波広くして大河かとうたがう」と記されるのは、ふつう露地と呼ばれる、たんなる茶庭ではない、かなり大きな水面が備わった庭園が出現していたことをうかがわせる。平坦な平庭のスタイルではなく、山あり谷あり池ありの、スケールの大きい庭園だと考えてよいだろう。

こんな深山幽谷の趣きを備えた景観の中にひっそりと杉皮葺きの茶店が配置されている。家光は、この茶店に移って休息したが、そこからさきの演出も、なかなか心憎いものだった。

店主とおぼしき小童《こわらわ》、編綴《へんてつ》（羽織の一種）を着し、窓によりて居眠《いねむり》たり。その形状さながら山店にひとしければ、御心にかない、あるじ茶やあると宣《のたま》いしかば、小童驚起て、柱にかけたる瓢《ふくべ》を取りおろし、谷の湯をくみて、瓢中の焦椒をたてて奉れば、淡味を賞し給いながら、其所を立《たた》せ給わんとし給いしに、小童御袖をひかえて、茶の価を乞いてやまず。ます〳〵御輿に入らせ給い、御腰の巾着を取て小童に賜わりける。(同前)

将軍の御成など知りもしないで山中の茶店をあずかる子供が居眠りをしている。その子供が、突然の来客に驚き、いそいで谷にかけおりて、ひょうたんに水を汲み野趣あふれる茶をたててくれた上に、将軍とも知らずに客の袖をひっぱって茶代を要求するという設定による「もてなし」。家光は、こんな趣向がたいへん気に入ったらしいが、こうした演出も含めて、来客をもてなす舞台、御成を盛りあげる舞台が大名の庭園だった。

茶と遊興

さきにあげた秀忠の徳川義直邸への御成と同じく、家光はその後「数寄屋」に請じ入れられ茶が出された。「茶」には食事が含まれている。その後猿楽の鑑賞があり、その間に供奉の者たちに饗応が行なわれた。

御遊《おんあそび》夕《ゆうべ》に及びければ、御道には篝火《かがりび》をたきて、白昼のごとくなりしとぞ。(同前)

夜になるまで、まる一日をあてて御成があり、もてなしが行われる。帰り道には白昼のようにあかあかとかがり火が焚かれたというから、ずいぶん大がかりである。

秀忠時代の記録からうかがう限り、当初大名屋敷に設けられたのは、かならずしも大規模な庭ではなかったろう。おそらく現在の感覚からも茶庭と呼んでよい程度の庭が多かったと思われる。それが大名屋敷の規模に合わせるかのように大がかりなものになってゆく。徳川政権の安定、江戸の発展に応じた変化でもあるだろう。

家光来臨の際の蒲生忠郷邸の庭園は、その描写から想像するかぎりは、のちの大名庭園と遜色ない規模だ。この変化は、京都風の庭園から江戸独特の庭園造形への歩みでもある。けれども、どれほど大規模になっても、大名庭園には、例外なく茶室が設けられた。茶事は大名庭園に欠かせないものだったのである。ただし、庭園での宴遊・行事のうちで茶事が占める割合は、時代によって一定ではなかった。江戸初期が最も重く、それ以後は、他の社交儀礼、遊興が組み入れられ、茶事の果たす役割は、相対的に低下していったとみてよい。茶事のためだけにあった庭園が、もっと多様な目的に向けられ、その規模も、その機能も膨らんでいった。その中に生まれた独特の様式が、大名庭園であった。

3　大名庭園の成立

つぎつぎに造られる

幕府初期には一大名一ヵ所が普通だった大名屋敷も、寛永期（一六二四〜四四）には、複数になりはじめる。ただし、これらの屋敷の主は、必ずしも固定化されず、大名家の取潰しや領地を移しかえる転封《てんぽう》にしたがって、大名たちは住まいを何度も移転させられた。その大名屋敷の主が定着しはじめるのは、大ざっぱに言って、寛文《かんぶん》年間（一六六一〜七三）であり、さらに元禄期（一六八八〜一七〇四）になると上屋敷、中屋敷、下屋敷を、ほとんどの藩が持つようになる。

こうした動きを促したのは、江戸市中の大半を焼き尽くし、江戸城の本丸まで焼失させた明暦の大火だとされる。明暦三年（一六五七）正月十八日から三日間に及んだ火事による焼失町数は八百町。死者十余万人と推定されるこの大火は、大名邸にも大被害を及ぼした。

幕府は政権の安定を図る上からも、江戸に住まう大名たちの屋敷の保護策をうちださねばならなかった。その大事な政策の一つが、火災からの危険を分散させる、複数の屋敷を持たせる政策だった。本邸のほかに屋敷地を与えることによって大名たちが、罹災した場合の緊急避難地を確保できるように図ったのである。明暦の大火は、上・中・下屋敷を一種の制度化する契機となった。

こうして各大名が所有するようになった上・中・下屋敷には、大小さまざまな庭園が設けられた。とくに下屋敷には、練兵や園遊のために広大な庭園が設けられることが多かった。そして幕府の体制が安定化するにつれ、各藩の庭園整備は進み、多数の名高い庭園が誕生した。江戸には数百の藩が、それぞれ藩邸を構えていたわけだから、上・中・下の屋敷に、それぞれ庭園の設けがあったと考えると、大小さまざまの千にものぼる数の庭園が江戸にはひしめいていたことになる。

それでは、その大名庭園の築造の様子を代表的な例をいくつかとりあげてたどってみることにしよう。まず、今もその一部が残る後楽園からはじめよう。

「山水好み」の徳川頼房

後楽園は、いま二ヵ所ある。東京と岡山である。しかし岡山の後楽園の名が生まれたのはずっとあと明治四年のことで、東京の方がはるかに先輩である。後楽園といえば本来は東京の方を指すのだが、現在は混乱を避けるため、その所在地の地名を冠して小石川後楽園と称している。以後もこの呼称を便宜上用いてゆくことにする。

小石川後楽園が創設されるきっかけは、寛永六年（一六二九）のこと。この年水戸藩初代藩主徳川頼房《よりふさ》が、将軍秀忠から小石川に邸地を下賜されたことに始まる。当初の敷地は七万六千坪強だった。

頼房が「山水を好」む性格だったので、ここに庭園をつくりあげようとしたのだという

（『後楽園紀事』）。ほとんどの大名屋敷が多かれ少なかれ庭園を備えていたと思われるから、「山水好み」だけでは説明にならないが、とにかく庭園好きだったと解釈すべきなのだろう。

「威公上　曾て代官町御邸に御座なされ候節、山水を好ませ給いて、江府の邸に山水を経営せんとおぼしめしたまい」とあるから、以前に江戸城お膝元の代官町と呼ばれた松原小路の屋敷にも庭園づくりを試み、その後小石川に邸地をもらって本格的に庭園づくりに取りかかったと読むべきだ。というのも『後楽園紀事』は次のようにつづいているからである。

徳大寺左兵衛に命ぜられ、その宜《よろし》き地形をえらばしめたまうに、小石川本妙寺吉祥寺の辺、山水のいとなみ然《しか》るべき地形なりという。則《すなわち》将軍家へ請わせられければ、台命有てやがて本妙寺を丸山へ、吉祥寺を駒込へうつさせ給いて、本藩の御邸と成。

この記述には驚かされる。山水好き、つまり庭園好きといってよいと思うが、そのためにかねてより徳大寺左兵衛なる者に、庭園造りにかなった邸地を捜させていたという。そして、その命をうけた徳大寺左兵衛は、こともあろうに本妙寺、吉祥寺という二寺がある土地を選んで報告してきた。そうすると徳川頼房は、その土地をいただきたいと将軍家光に申し出たというのである。御三家といわれる水戸徳川家の威光によるものと割り切って考えることもできるが、それにしても名指しで土地が欲しいと言われた寺側にとっては寝耳に水だったろう。

徳大寺左兵衛

将軍は頼房の願いを聞き届けた。そして本妙寺、吉祥寺は移転させられてしまったのである。

適地の選定から実際の造園にいたるまで、中心にいたのは徳大寺左兵衛という人物である。この人物は記録に乏しく、さきに引用した『後楽園紀事』の「上杉右近大夫、宇都宮弥三郎と同じく並びてこれを高家という」と記された箇所に名前が出るので、その身分のわずかな一端を知ることができるだけである。つづく記述の中に、二代将軍秀忠のあとをついだ家光みずからが、この徳大寺左兵衛に後楽園造営に関して直接の指図をしたと出る。「高家《こうけ》」は以前からある名称だが、江戸幕府の職名として確立してからは、幕府の儀式・典礼をつかさどった家を指す。伊勢神宮や日光東照宮への代参のほか、とくに朝廷への使節、勅使の接待などを含めて、幕府と朝廷との間の諸礼を担当する家柄を指した。その高家の徳大寺左兵衛が後楽園の造園に深くかかわっているのである。

幕政の枢要な地位を占める御三家の水戸徳川家が上屋敷の造園整備を行おうとしている。

そして、たんに水戸家だけで遂行している事業以上の性格が推察できる。将軍家光の積極的な関与。家光からも指示を受けているという「高家」の徳大寺左兵衛の活動。これらからうかがえるのは、大名庭園の築造とは、ただたんに大名の所領の造園整備であるだけではない。将軍家との関係、大名間、あるいは武家どうしの社交から必要とされる「場」の秩序化であり、そこにはまたたんに武家だけでつくりだされる武家の文化ではない、公家、貴族文化とのつながりをもった庭園の誕生がみられる。

大名庭園は武家の庭園、江戸に生まれた庭園とのみ見ることはできず、公家・貴族がつくり出した庭園、京都で生まれた庭園と切り離して考えることができないものである。じっさい大名庭園と呼ぶべきものが姿をみせはじめると思われる寛永期には、京都においても公家・貴族のあいだで、庭園づくりの新しい傾向があらわれていた。その代表的な一つが桂離宮の造営であろう。そこで、江戸における大名庭園の出現を考えるうえで、これまでほとんど考えに入れられてこなかった京都の江戸時代初期庭園史、とくに公家の庭園を代表する桂離宮の造営史をたどっておくことにしよう。

4　桂離宮の造営

造園の時代

桂離宮の庭園は江戸初期の造営であるといわれるが、当時まだ「桂離宮」の名はなかった。桂離宮の名が生まれるのは、はるかのち明治十六年（一八八三）に宮内省の所管になってからのことである。それ以前は桂宮《かつらのみや》（草創時は八条宮《はちじょうのみや》）の別荘だった。

この地を所領とし、別荘として機能させることを始めたのは、八条宮智仁《としひと》親王。正親町《おおぎまち》天皇の第一皇子陽光院誠仁《ようこういんさねひと》親王の第六子である。第一子は周仁《かたひと》（初め和仁《かずひと》）といって、後には後陽成天皇として天正十四年（一五八六）に即位する。

智仁親王は天正十六年（一五八八）、子供がなかった豊臣秀吉の猶子《ゆうし》（養子）となった。ところが、実子が生まれたために秀吉は天正十八年八条宮家を創立し、智仁親王をその初代とした。武家と公家とのあいだのかけひき、とりひきに翻弄される人生が早くから智仁親王の身に振りかかる。のち慶長三年（一五九八）、兄にあたる後陽成天皇は智仁親王に譲位しようとするが、これは次の天下人である徳川家康の反対に会い、実現しなかった。

こうしたことから、親王は政治ぎらいになり、学問の道、芸術の道に走ったとの説明がよく持ちだされる。和歌に親しみ、高度に芸術的な造形作品としての桂離宮の造営に専念することになったのは、政治にいや気がさしたことがその原因となっているとの解釈である。しかしこの解釈は全面的に否定できるわけではないが、まったく別の説明も可能なほど、あやういものでもある。

武家と公家のやりとり、かけひきに翻弄されるがゆえに、積極的に政治の世界に踏み込み、むしろ力づよい権力を手に入れようと学問も芸術も忘れてそのことに没頭する人格が生まれてもおかしくない。少くとも桂離宮の造営への道を説明するには政治拒絶は説得力が薄い。説明可能なのは、当時公家も武家も、所領をいかに経営するか、所領地をいかに美的に処理するかに思いをめぐらせるのは当然の振舞いだったという点にあるだろう。江戸の大名の所領に生まれる大名庭園と京都の郊外に生まれる別荘の庭園とが同時代であり、その形式がじっさいよく似ていることに一貫した説明を与えるためには、時代の趣味、時代精神からときほぐすのが有効であると思われる。桂離宮の誕生は大名庭園の成立ときりはなしがたく結びついているのである。

桂離宮の利用法

現在の桂離宮の地に智仁親王が別荘づくりを意図しはじめるのは元和元年（一六一五）頃である。この年四月に大坂夏の陣が始まり、翌月包囲された大坂城内で豊臣秀頼と淀君が自刃することで終る。そして七月十三日に慶長二十年が元和と改元された。ちょうどこの年に現在の桂離宮の地所が智仁親王の所領となるのである。この地の前の主は、茶人の古田織部《ふるたおりべ》。織部は大坂城落城の翌月、大坂方へ内通していたとの疑いがもとで徳川方から自刃させられたのである。桂離宮誕生の背景には、王朝風庭園へのあこがれなどといわれる説ほどにはみやびなものではなく、むしろなまなましい政治が横たわっている。

このような桂離宮をとりまく社会・政治のありようや、その誕生の裏面史をくわしくたどるのはここでの目的ではない。江戸に生まれた大名庭園の位置を確認するために必要な範囲で、また大名庭園と公家の庭園とが切り離せない性格のものであることを明らかにするために桂離宮を見てゆこう。

そのためには、桂離宮がどのように利用されていたか、という機能や、その造園上の特徴から美の性格、当時の好みなどをたどってみなければならない。さきに少しふれた初期大名庭園と同じで、桂離宮も茶事によって性格づけられていた。智仁親王が所領としてこの地を得てから初めて建てられた御茶屋の完成披露ともいうべき宴が元和二年（一六一六）六月に開かれた。

六月廿七日、川勝寺《せんしょうじ》瓜見、桂川逍遥、公家衆・連歌衆・乱舞衆同道。（『智仁親王御年暦』元和二年六月二十七日条）

瓜見

この日智仁親王が招いたのは公家衆である。彼らとともに茶事を行うのが完成披露の宴なのだが、この記述ではまず「瓜見」があらわれる。瓜は陽あたりのよい平坦な畑で育てられる。河原は恰好の瓜畑となる。桂は瓜の名産地とされていたが、その瓜畑を見て楽しむのである。むろん瓜を漫然と見るだけで長時間の楽しみが得られるわけではない。ちょうど暑い夏のさ中である。瓜をとって川で冷やし、川風に吹かれながら周囲の風景を愛でつつ瓜を賞味する。瓜見とは、暑気激しい夏のさ中の心地よい楽しみであり、もてなしともなる。

「雪見」というがこれもたんに雪をぼんやり眺めやるのではない。酒をくみ歌を詠む。花見がたんに花を見るだけでなく飲食とにぎわいの楽しみを満喫する場であるのと同じである。花見、雪見、瓜見、あるいは桜狩り、蛍狩り、茸狩りなど「……見」「……狩」は、その名の対象のみ相手にするような平板な行いではなく、飲食、歌、遊芸など、友人・知人などとたっぷり時間をとって楽しむ宴だったのである。

智仁親王らが瓜見をしたのは、桂川の東岸の川勝寺村である。このの ち舟に乗り、西岸にある桂離宮に向かう。岸辺で舟を下り、歩いて茶屋に入ったか、それとも桂川からそのまま邸内の水面に舟を乗入れたか。そこははっきりしないが、そもそも、どこからどこまでが庭園で、どこまでが川岸であるか画然と区別できるような景観ではなかったろう。

現在の桂離宮は、高い堤防によって、桂川の流れと区切られており、舟に乗ったまま庭園の池に入ることができたなどとは想像もできない。しかし当時の桂川と離宮とはあいだをさえぎるものがないといってよい状態であったろう。庭園といっても川の氾濫原を利用してつくられたものであり、逆に庭内の池に舟を浮かべそのまま桂川にこぎ出すこともできたようだ。

遊興・儀礼

「連歌衆・乱舞衆」と書かれているから、連歌を楽しむ人びとや舞いを専門にする芸能者なども、お伴をしていた。静かな茶会、儀式ばった振舞いではなく、茶屋で食事・酒を楽しみつつ連歌を行い、室内あるいは屋外では、にぎやかな舞いが披露される。そんな、ちょっと乱痴気パーティーにも似た集いであったと思われる。もちろんその中心にはやはり茶事があったのだが、それはまた、政治的な色を帯びた密談をも含んでいたことだろう。桂離宮に限らず別荘の庭園は、遊興の装置と、儀礼の装置の二つの側面から見ておく必要がある。儀礼の装置は政治的装置でもあり、いわば〈遊興―儀礼（政治）〉は〈遊び―仕事〉という図式でも表現できよう。そしてこの全体をとらえるとすればやはり〈社交〉の装置というのがはっきりとわかりやすい表現となる。

桂離宮は郊外の所領に設けられた公家の別荘であり、また郊外の庭園であり、そして重要な社交の装置なのだった。元和四年（一六一八）のある書状には、この別荘（の茶屋）が「瓜畠のかろき茶屋」と記されている。

来月四日、下桂《しもかつら》瓜畠之かろき茶やへ陽明御成申候、……。（『桂光院殿御書類』）

智仁親王から茶人の石川宗林に宛てて出されたとされているこの書状は、自らの所領の茶屋をへりくだって「かろき」と記していると考えられるが、それ以上にここでの茶事や行事を、真剣なタテマエの儀礼ばかりでなく、むしろ楽しみとして、社交として行っているとの自己規定の意識があるように思われる。桂離宮での茶事は楽しみと仕事とが入り交った貴族・公家の社交の装置なのだった。

変化する庭園

このように公家の世界に生まれた別荘庭園の代表である桂離宮の庭園は、地形の面からみれば池や流れのあいだに茶屋が建つ平坦な風光すぐれた土地といった感じである。庭園と呼ぶにしてもずいぶん簡素で単純な構造であったことを心に留めておこう。したがってそれは初期の大名庭園と似た機能をもっていた。

桂離宮の庭園にはその後、茶屋が増築されてゆく。それにともなって庭園そのものも性格を変化させていっただろう。

女御入内、下桂茶屋普請する、度々客あり。(『智仁親王御年暦』元和六年六月十八日条)

「女御」とは、将軍秀忠の娘和子《まさこ》である。その和子が「入内」すなわち後水尾天皇の夫人として輿入れしたことを記している。その年、智仁親王はどうやら新たに茶屋を建てていたらしい。そのさ中にも客を次々と招いている。庭園に竣工はない。いつも手入れが必要で、いつも変化している。智仁親王はその後も桂離宮に茶屋をつくっていった。現在は古書院、中書院、新御殿と称せられる御殿群と月波楼、松琴亭、笑意軒、賞花亭と称せられる四つの茶屋などの建物が庭園内に配されている。しかし当初はこれほど多数の建物が揃った庭園ではなかったし、またかならずしもその必要もなかった。寛永六年(一六二九)に智仁親王は他界するが、そののちも庭園は維持されつつ改変を受ける。第一子である智忠親王は父が亡くなるころはまだ幼なく、造園の指示などできる年齢ではなかったが、のちには桂離宮の整備にあたるようになる。

原点としての「見立て」

公家にとっての別荘庭園がどのようなものであったかは、桂離宮を見るだけではわからない。智仁親王は、下桂《しもかつら》と呼ばれる桂離宮の別荘以外に、開田《かいでん》、御陵《みささぎ》、鷹峯、合計四ヵ所を所有していた。村でいえば桂離宮の所在地である下桂村のほかに対岸の川勝寺《せんしょうじ》村、徳大寺村、夙《しゅく》村、御陵村、開田村の六ヵ村になる。このうち開田の別荘とは、現在の長岡天満宮のある地所であり、ここは、八条池と呼ばれる広いため池が今もその景観の中心となっている。所領の中でも水と森のある風光の美しい場を選んで、そこに建物を建て、茶屋として用いることが、別荘づくりでありいわば庭園づくりだったのである。

御陵の別荘は、桂離宮や長岡天満宮よりも山寄りにある。現在私の職場である国際日本文化研究センターは、このかつての御陵村のもっとも小高い場所に位置していると思われるが、桂の里と、京都の市街、とくに南側の一帯と、淀川、男山、天王山といった京都南部から大阪の樟葉、枚方方面を遠望する眺めのよい高台である。

智仁親王の御陵の別荘もおそらくこの眺望を取り入れたものだったろう。それは現在の観念からは庭園とは呼びにくいものだが、しかし桂離宮とは別の性格をもつ庭園とみなされていたと考えてもおかしくはない。ひろびろとした眺望や水上の遊び、茶事や飲食、舞いなどの楽しみ、これらが満足できる場こそ庭園なのである。見晴しのよい場所にささやかな四阿《あずまや》などを建てればそれが庭園となる。まるで一種の見立てのような風景とのかかわりは、大名庭園の成立にとっても原点であり、それはまた、日本の庭園の原点だということもできる。選びとられた景観の中に茶屋を配することから出発し、それを一つのまとまりある庭園に高めた桂離宮庭園は、大名庭園の成立をときあかす範例の一つとしてとらえることができる。

京都の造園が江戸へ

大名庭園の初期の様子をうかがえる事例である後楽園の成立事情を少し思い返してみよう。さきにその造園の中心人物としてあげた徳大寺左兵衛は「高家」と記されていた。「高家」というからには、身分は低くなかったとも思われる。家光と関わりの深かった人物の可能性がある。二つの寺がある地所を所望したことや、これを将軍が受けいれて、土地を収用して水戸家に与えたことを考えると家光の意志が後楽園造営に深くかかわっていると考えてよい。しかもそこに介在する徳大寺左兵衛もなかなかの力を持った人物だったろう。

ちょうど後楽園の邸地下賜の年、すなわち寛永六年（一六二九）に、家光は江戸城西の丸に新たな庭（「新山里露地」）をつくっていた。この時造園にあたったのが、秀忠の代から将軍の茶道指南役をつとめていた小堀遠州《こぼりえんしゅう》である。徳大寺左兵衛は、小堀遠州ともつながる人物だったのではないだろうか。小堀遠州はこの頃、京都南禅寺本坊方丈の庭園や、南禅寺の塔頭《たっちゅう》である金地院の庭園の計画を行い、また実際の造園工事も手がけていた。そのため京都と江戸を行き来し、どちらの造園の世界にも目くばりしていただろう。したがって京都風の造園が江戸に流れ込んできて当然だった。

江戸初期の武家屋敷の造園の核には茶事があり、江戸城西の丸の庭園にしても、また寛永元年（一六二四）頃には、初期の姿を完成させたといわれる桂離宮の庭園（当時はこの名はなかったが）にしても「茶」が造園の中心的なモチーフだった。

できあがった古書院、松琴亭、竹林亭などを含め、桂離宮の庭園全体は「瓜畑《うりはた》茶屋」とか「瓜畠のかろき茶屋」などと呼ばれていた。茶庭という語感にはあまりなじまない、広々とのびやかな桂離宮の庭園ではあるが、回遊する園路の各所には、茶亭や腰掛茶屋がつぎつぎあらわれる。茶亭における茶事と書院における儀式をつなぐのが園路であり、庭園なのである。すなわち茶事を中心とする貴族の社交の舞台としてつくられた庭園が、桂離宮だった。江戸の大名たちの庭園も、とくに初期の頃は、このような気分に支配されていただろう。

初期の大名屋敷において茶事が庭園造成への原動力の一端を担っていたことを指摘しておきたい。

第二章　山海の佳景　江戸の大名庭園

Quintuple Combination of Radical Stones with Foliage.

1　和漢の教養――小石川後楽園

小石川後楽園誕生のきっかけは、さきにふれたように、初代水戸藩主の徳川頼房《よりふさ》が寛永六年（一六二九）に将軍秀忠から小石川に邸地を下賜されたことによる。この邸地取得に際しては、「山水を好」む藩主頼房の意向が強烈に働いていて、いささか強引と思われるような既存寺院の移転まで行われていることもすでに述べた。『水戸紀年』の記述に従えばこの土地が「地勢幽邃、喬木鬱密」で、庭園づくりに好都合の地だったからとされている。

小石川後楽園誕生

この記述をそのまま受入れるなら、大名屋敷の立地選択に造園上の観点が強く働いていたことになる。造園の適地として選ばれたかのごとき説明は江戸城との位置や他藩との関係、あるいは水の便や交通上の問題など、政治的・経済的、また生活上の観点抜きにそのまま鵜呑みにすることはできない。しかしながら大名屋敷と庭園とが、切り離すことができないものとして意識されていたとの想像は可能である。たしかにどの大名屋敷にも、大小の差はあれ庭園のしつらいがあり、しかも庭園が占める面積は少なくなかったからである。また、当時の土木技術の水準から考えても、地形を選ぶことは屋敷全体の整備への出費をおさえることにもつながり、またその後の屋敷の合理的な運営にもかかわる大事な姿勢だったはずである。

地形を生かす

後楽園造成の際には、既存の地形をできるだけ改変せず利用し、古木なども伐らずに庭園づくりがすすめられたという。

徳大寺が心を尽す所、つとめて自然の事をよしとし、古木をきらず凹凸の地形にまかせて山水を経営す。(『後楽園紀事』)

造園に直接あたった徳大寺左兵衛なる者は、もともとの地形や樹木を尊重して庭をつくっていったという説明である。この記述をそのまま受取るなら、初期・創成期の後楽園は、既存の自然を生かした庭園の姿を呈していたことになる。『水戸紀年』での表現を借りれば「地勢幽邃、喬木鬱密」の地であるから、その景観を尊重して造園したならば、うっそうとした森が基調の、現代の感覚からは比較的陰うつな庭園だったと想像しうる。ただし『後楽園紀事』の筆者は『水戸紀年』にあらわれるさきの表現を使っていないし、それに類する、樹木がうっそうと茂る表現も用いていない。けれどもまだ江戸開府から数十年の頃であり森林もよく残っていたはずだ。巨木・古木も数多かっただろう。『水戸紀年』の「幽邃」や「鬱密」という表現は、その反映である。

造園上は、大木がすでに存在しているとき、これを伐り払うのは得策とはいえない。そもそも大木を切り倒すのは大変な作業となる。よほど別の雰囲気につくり変えたいと思うとき以外は、既存の大木を活用する。だからさきの処置はとりたてていうほどのことがない、あたりまえの作業なのだが、『後楽園紀事』の筆者が、このことを強調しているのは一種の伏線だろうと思われる。つまりのちの時代に行なわれた造園工事を、手を加えすぎ行きすぎだと批判するための伏線なのである。げんにこの地を庭園化するために、石に関しては当初すでに大がかりな作業があったことが記されている。「……地形にまかせて山水を経営す」と記したあとは次のようにつづく。

伊豆の御石山其外《そのほか》の山々より奇異なる大石を御とり寄せ遊ばされ、是を以て荘厳なし給う。これもとより大猷公〔将軍家光〕の御心なるべし。（同前）

地形や植生は既存のままを旨とするが、石に関しては、伊豆などから「奇異なる大石」をもってきて配置したと記している。しかもそれが将軍家光の心にかなっている、意向を反映しているというのである。

家光の援助

とくに『水戸紀年』では、はっきりと家光の指図によるものだと書かれている。

大猷公伊豆其他海国より巨石を運んで補助したまう。

家光が積極的に援助したとの記述である。石の選択については将軍家があと押しした。将軍家による造園でもあるからだろうか、従来の景観に導入されることになった「奇異なる大石」については、大がかりな人工であるにもかかわらず批判めいた言葉は見当らない。

奇異な石、それも目立つ大石を庭内に配して「荘厳」する。つまり珍しい変わった大石は庭園の装飾であり、もとの自然の趣きをこわすものとは見ていない。寛永期に行なわれた後楽園の初期造園について、この筆者は淡々と肯定的に語っている。しかしこれが自分の主張の伏線であるのは、のち元禄期の改造工事が園内の風景を一変させ、味わいのないものにしてしまったとの批判の言葉の激しさからわかる。さらにのちの享保《きようほう》期の改造工事についても強い調子で非難するのである。

この史料は注意して使わないと後楽園の造成の経緯に誤った観点をさしはさんでしまうおそれがある。じっさい、これまで後楽園について書かれたものの多くは、「この改造は後楽園のためにまことに惜しまれるところである」(吉川需『小石川後楽園』)というふうに元禄期の改造をとらえ、さらに享保期の改造を庭園の破壊行為ととらえる。

護岸石組を石積みに改め、峨々として聳える奇石はすべて取り払い、古木という古木も大方切り払い、残った樹木・岩石はほんのわずかのものになってしまった。その古木奇石はみな散逸した。(『小石川後楽園』)

……繁茂しすぎた樹木も周辺には多かったであろうから、当然の維持管理として伐採、枝下し等の荒療治を施し、鬱閉された眺望を開く必要もあり得ただろう。しかし地割と石組との変改は最大の破壊行為であって、本園創設以来の伝統としてきた古態の保持の態度とは全く相容れない所業であった。(同前)

このとらえ方は『後楽園紀事』の筆者の記述をそのまま採用したものであって、わずかに維持管理上の伐採や枝下ろしが、妥当で必要な手入れだとの意見をさしはさんでいるにすぎない。成立事情も叙述の背景もはっきりしない文書の記事をうのみにしている。とくに筆者の意見が述べられている部分をそのまま信じるのは史料の吟味、史料批判の欠如とみられても仕方がない。

『後楽園紀事』のよみ方

元禄期の改変は、将軍綱吉の生母桂昌院の御成の際、側用人柳沢吉保のすすめで行なわれたものだといわれる。『文京区史』の筆者は、このころの悪いことは、すべて柳沢吉保のせいにしてしまえという感じがしないでもないと、『後楽園紀事』の筆者の記述をそのままうのみにする姿勢を避けている。さらに、

しかし、七十六歳の高齢者をむかえるのであるから、部分的にでも遊歩を楽にするぐらいの配慮はなされたかもしれない。それを、すぐに柳沢吉保の阿諛《あゆ》と結論づけてしまうのは、やはりつつしむべきことであろう。(『文京区史』)

と述べて慎重な態度をみせている。やはりこのとらえかたの方が納得がゆく。『後楽園紀事』の筆者はある意見の持主で、その記述には強烈な自己表明があらわれていると見るのが自然である。

けれども初期の後楽園の造成事情をまとまって記したものは、この『後楽園紀事』をおいて他にない。注意して使えば十分に考証に耐えうるものだと思う。書かれたのは元文元

年（一七三六）。現在から振り返れば、二百五十年以上も前。後楽園の歴史を考えても、その初期の四分の一が過ぎたあたりに記された貴重な初期文献ということができる。

後楽園の庭園は、水戸家の二代光圀《みつくに》の時にほぼ完成したといわれる。その園内の様子はどのようなものであったか。まず初代頼房の時にできあがったとおもわれる景観を、『後楽園紀事』からさぐってみることにしよう。

地形に依て先《まず》大泉水を開き（色々大猷公の御差図有けるなり）大泉水より東の方は御屋形に当る。喬木繁茂して、しゅろ山につづきて御屋形の見隠しとなれり。

大泉水というのは大きな池のことである。園内中央部に「地形に依て」ということは、既存の池があったのを拡張したらしい。その後の大名庭園も必ず大きな池を中心にできあがるが、その祖型がこの後楽園にあると考えてもよいだろう。

「御屋形」つまり藩主が住まう住居は、大泉水の東側に当たるが、それはうっそうと茂る森におおわれたしゅろ山にかくされている。住居の側から見れば、深い樹林の山を抜けると庭園が開けるという具合になっているわけだ。

南にしゅろ山、木曾谷、竜田川、西行堂、桜馬場、西にめぐりて一ツ松、硝子《びいどろ》の茶屋、大井河、西湖《せいこ》堤《てい》、渡月橋、丸屋《まろや》、小廬山《しょうろさん》、観音堂、音羽滝《おとわのたき》、琉球山、大黒堂、得仁堂、通天橋、円月橋、北に当て遠山有（俗説比叡山に擬させたまうよし）。松原、福禄寿の堂、不老水、八ツはし、水田、そのほとり稲荷の社、文昌堂、小町塚、河原書院（別段御庭あり）、御能舞台、北西の隅に、菓木御園内に庚申堂、萱御門、其外に水車の楼あり。楼上に小廬山へかかれる水の筧あり。大泉水に長橋かかりき（下の長橋の条に委《くわ》しくしるすなり）。橋より西に蓬萊島、島のうちに弁財天の祠あり。（同前）

長い引用になってしまったが、園内に茶屋以外にもきわめて多数の施設がちりばめられていることがわかる。

後楽園は二代徳川光圀の手を経て完成した姿に至ったと考えられている。けれどもここに記された諸施設、名づけられた「名所」が光圀の時代にすべて備わっていたかどうかは疑わしい。光圀につづく第三代綱条《つなえだ》の時代につくられたと思われる絵図（「水戸様江戸御屋敷御庭之図」）にはこれほど多数の施設は記されていない。たとえば木曾谷、琉球山、大黒堂、通天橋、稲荷の社、文昌堂、庚申堂、などは見えない。もっとも、谷や山などは作られた施設でないから適当に省略したとも考えられる。この絵図は、特徴ある施設を厳選して記しているように思われるからである。通天橋に擬していたと思われるものが「ハシ」、小町の塚と思われるものが「トウ」とのみ記されているように、恣意的に選ばれたもののみ特に名が記されている感じがする。

全体から受ける印象は、深山幽谷の所々や水辺に茶屋を配した庭園である。平坦さの点で桂離宮とかなり異る景観だが、茶屋をめぐる庭園の構造は基本的に同じだ。硝子《びいどろ》の茶屋以外に茶屋と記された建物が園内に四つもある。その一つは「御茶屋」、もう一つは「酒茶屋」と記され、性格の異なる茶屋が用意されていたことがうかがえる。

この図には一つの建物に「ホクロク堂」の記載があり、『後楽園紀事』にいう福禄堂であろうと思われる。「福禄堂　小堂なり、内は唐風の造作にて敷瓦なり。福禄寿の像を安置せり」とあって、大地震によって崩れ、その後再建されなかったと記されているのがそれに当る。したがって図中に福禄堂が描かれ記されていることによって、この絵図の状況は大地震があった元禄十六年（一七〇三）以前を示していると考えられる。現在手にしうる文献上では、元禄十六年以前に大改造があったとの記載は見当らない。たとえ改造や園内施設の増設があったとしてもそれほど大がかりなものはなかったとみなしてよいだろう。そこで、初期絵図である「水戸様江戸御屋敷御庭之図」と、いささか片寄った意見が含まれるとはいえ当時の状況をうかがえる大事な史料としての『後楽園紀事』の二つから、二代藩主光圀時代の後楽園の完成した姿を「復元」考察の回遊によって見て回ることにしよう。

後楽園回遊

屋敷の側から園に向かうとまず唐門がある。これをくぐると右手が棕梠山。シュロの木が植えられているのは南国風の景観を表現しようとするものだろう。左手も視界をさえぎる樹木の茂った丘がつづく。これが途切れて左へ折れると桜の馬場に出る。桜の馬場は馬を走らせるための平坦な直線コースで長さは百四十間。「御見物所」と記された馬見のための建物がある。

大名庭園は、庭園といっても江戸住いの家中のものが日常生活を営む場でもある。そこで武士にとって不断の訓練が必要な乗馬のための場、馬場がどの庭園にも設けられていた。しかもこれをたんに乗馬の機能のみの受け皿にすることなく、景観上の配慮を加えた施設にしていることも多かった。「桜の馬場」というのは、春の花も楽しめる桜並木を植えた気持ちのよい馬場との命名らしい。

近くに西行堂が建っている。丘をへだてているようなので、桜の馬場をのぞき見ることができたかどうかははっきりしないが、西行と桜との連想から桜馬場の近くに堂を立地させたものかもしれない。西行堂は脇に川が流れるひなびた山中のような景観のある位置に建てられていた。のち天保期（一八三〇年代）には、ここに第九代藩主斉昭《なりあき》の命名になる「駐歩泉《ちゅうほせん》」の碑が建てられた。裏面の碑文によればこの命名は西行の歌「道のべに　しみずながるる柳かげ　しばしとてこそ　立どまりつれ」にちなんだものであるという。中世

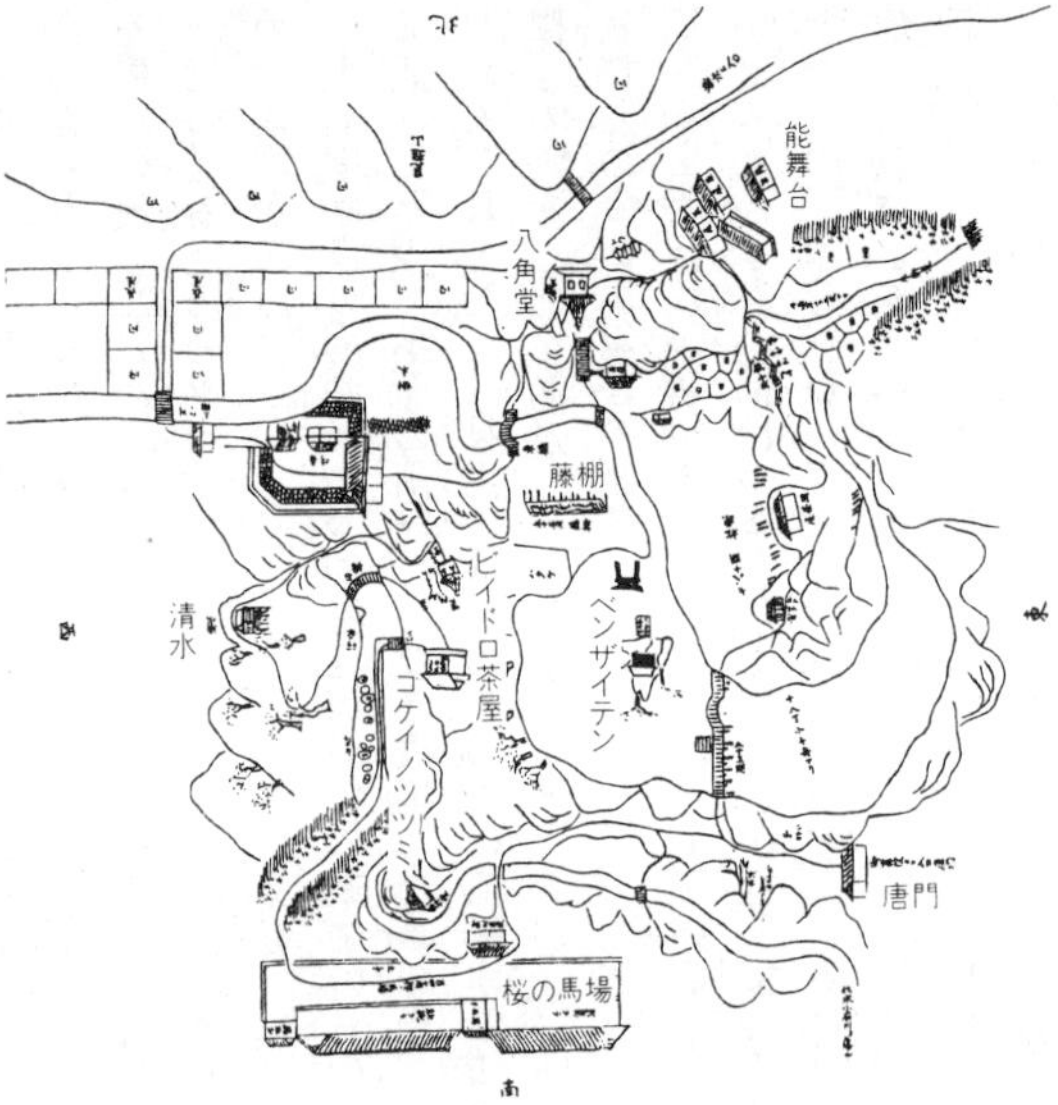

小石川後楽園　水戸様江戸御屋敷御庭之図（創建期）

歌人の代表である西行を偲ぶ施設を設けることも、大名庭園の雰囲気づくりに必要なものだとされていた。

西湖の堤

ここからは図面では花（ハナショウブではないかと思われる）が左右一面に咲く小道となる。これを過ぎると「コケイノツツミ」に至る。虎渓の堤とは、別名蘇堤、ふつう西湖堤《せいこてい》と呼ばれる中国・杭州の西にある風光明媚な西湖に設けられた堰堤《えんてい》のことを指しているようだ。『後楽園紀事』では、「西湖つつみ」と出る。つづいて「唐の西湖をうつし給う」「もとより御園の西なれば、かれこれの縁にて西湖とは申けるなり」とその命名の理由が記されている。中国の西湖を模したことと、園内の西部に位置することなどから「西湖」の命名が生まれ、そこにある堤だから西湖堤の名もつけられたとの論理になるのだろうか。

こののち天明四年（一七八四）に狂歌師・戯作者の大田南畝が後楽園を見物して残した記録がある。そこには命名の由来は記されず、一見して感心したことのみが書かれている。

右のかた長きつつみあり、池の中にさしいで石橋をかく《架》、西湖のつつみ見る心地してかぎりなきとつ国へもまよいきぬるかとあやしまる。（「三つが一つ」『一話一言』）

まるで本物の西湖の堤を見るようで、はるかな外国に迷い込んだかのような気分だ、という。何につけひねりを利かし、諧謔に長けていると思われる大田南畝にしては、じつに興ざめさせられるような陳腐な表現だ。検閲でもあったのだろうかと思いたくなる。歯の浮くようなお世辞と私には読めるのだが、拝見させていただいたという気持ちのあらわれか、それともやはりこの拝見記が所有者の目に入ることが予想されたためか。現在とは違って、当時の西湖堤は、はるかに長大で立派なものだったと仮定しても、この表現はいかにもとってつけたような感じが否めない。この点の指摘はこれくらいにしておこう。じっさいこれが載せられている『一話一言』は、大田南畝の記文だけではなく、他の筆者のものも雑多に収められている可能性がなくはないからだ。注意しておくべきは、さきの『後楽園紀事』と「三つが一つ」に共通するのが「西湖堤」の呼称であることだ。「虎渓の堤」の表記は現れない。虎渓の堤という表現は、ほとんど使われたことがなかったのではないか。後世はほとんど西湖堤となる。だが後楽園の完成者と考えてよい第二代水戸藩主光圀の時代には、別の表現があった。光圀が深く師事したと伝えられる中国・明からの亡命者、朱舜水が初めて後楽園を見たのが寛文九年（一六六九）。この時朱舜水が記した「遊後楽園賦幷序」には「蘇公之陂（坡）」との表記で西湖堤が現れる。後世、この西湖堤は朱舜水のアイデアと設計によるとの説があらわれるが、疑わしい。「遊後楽園賦幷序」の記述によれば、朱舜水が後楽園を訪れた時にはもう西湖堤（蘇公之坡）はつくられていたことになるからである。

ビイドロ茶屋

園内一巡の歩みが西湖堤で足ぶみしてしまった。先へ進もう。「ハシ」を渡ると「ビイドロ茶屋」がある。「ハシ」は渡月橋と命名された橋であろう。そして図中にある「ビイドロ茶屋」の方は、『後楽園紀事』に「硝子御茶屋」と出る。水戸光圀の考えで、とくに名をつけず「ただ硝子の御茶屋と俗めかしく唱え来れる事なり」という。ここで表記されている「硝子」を「ビイドロ」と読むか「ショウシ」あるいは「ショウジ」と読むかだが、先の文章には「硝子紙を以て明り障子を張れり」とある。光圀が俗めかしく「硝子の御茶屋」としてきたことと「硝子紙」の表現とから、ちょっと固くるしく言うときは「ショウシ」、粋ぶって言うときは「ビイドロ」とでも呼んだのではないか。

ビイドロはよく知られるようにポルトガル語の vidro から来ているが、桃山期にはもうかなり知られていた。長崎に渡来したオランダ人が製法を伝えたガラス製品の呼称にもちいられたが、板ガラスが一般に普及していたわけではない。ビイドロはむしろ南蛮趣味、異国趣味のガラス製品やぜいたく品を指す表現だっただろう。後楽園の園内の御茶屋にビイドロと名付けるのは遊び心によるものと考えた方がよさそうだ。屋根は茅ぶきでひなびた雰囲気を目ざしていると思われるから、これに「硝子紙」を張って明るい室内をつくりだし、それを南蛮渡来のガラス窓に見立てて「ビイドロ茶屋」と呼んだ。こんな推理も考えられる。

この茶屋は、建てかえののち涵徳亭と呼ばれた。大田南畝は「涵徳」の文字が室内に掛かっていると記している。一方これより八十年ほど前元禄十五年（一七〇二）に訪れた俳諧師の榎本其角は「ひいとろの茶屋」と記している。三代綱条《つなえだ》の時にもまだビイドロ茶屋であったようだ。

孔子堂から八角堂へ

ビイドロ茶屋を過ぎ「石橋」を渡ると山路になる。地図では小高いところに「清水」の文字があり、基礎の柱を高く描いた高床型の建物がみえる。これは清水寺の舞台を模した清水観音堂であろう。さきの「石橋」は、図では半円形に描かれており、また位置からしても現在も残る円月橋と想像することが可能であるが、たんに「石橋」と表現してあるところからとくに名を記す橋だと意識されていないのかもしれない。全体に庭園内の諸施設は、当初から由緒・いわれを用意してつくられるというよりは、長い歴史のなかで、意味の付加が行われてゆくとみた方がよい。

山道をたどってゆくと変わった形の屋根をもつ建物に至る。図では「かうし堂」とあり、はじめは孔子の像が祀られていたらしい。したがって図はその頃の様子を描いたもので、のちに記された『後楽園紀事』では、「得仁堂」と称され、堂内の像も儒教の聖人とされる「伯夷叔斉」の像があったとする。だが「今は其《その》像見えず」ということであり「元禄中、堂の潤色も改まり、釈迦堂となれり」、そして「其《その》後享保中讃州岩清尾の八幡となる。八幡堂と称す」というから、これが書かれた元文元年（一七三六）の時点では八幡堂だったと思われるが、じつは得仁堂と題されている。そこで孔子堂↓（得仁堂？）↓釈迦堂↓八幡堂↓（得仁堂？）という名称の変遷が想定できる。

孔子堂（得仁堂）を過ぎると、図上では「車橋」と「藤棚」に至る。これは図上では太鼓橋の形態に描かれているから現在の円月橋ではないかとも想像される。藤棚は「五十三間」というからきわめて長大な棚である。

このあたりから急勾配の山道をたどるルートと急な石段を上るルートの二つがあり、いずれも丘の上の「八角堂」に至る。石段の方は、図には名称が記されていないが愛宕山の石段、愛宕坂をイメージしたもの。八角堂は、今は八卦堂跡と称され、基台のみ残るが、『後楽園紀事』にある八卦堂がこれである。「俗に八卦堂といいならわしたれど、是は文昌堂なるべし。八角の堂なり」とあるように形は八角形で、八卦の図形を八つの方角に割当てて飾ったという。

大泉水に出る

すぐ近くに小町塚がある。図上では単に「トウ」と記されているもので『後楽園紀事』では「小町の碑」とされている。しかし「これは小町の碑にはあらず、常陸の小野より出たる石なり。御戯《たわむれ》に小町が石と名づけさせたまうことなり」と記されている。「トウ」でもない単なる石であり、小野から出た石ゆえにたわむれに小町の碑と言ったのだという。造形された石塔だったのか、石の「塚」というべきか「碑」というべきか、時代の変遷によって置かれているものもその命名も確としているわけではない。

山道をこえると河原書院に出る。書院造りの建物があったらしいが、図では記名のない建物があり、周囲に二軒の「茶屋」と「能舞台」が描かれている。能舞台は初期の大名屋敷には必ず設けられていたものであり、後楽園にも備わっていた。また長屋は「御客の節、諸役人の詰所、御料理の仕出し所なり。此御書院の度々御客ありて詩歌の御会ありし所なるべし」と記されている。園内の宴、催しものと接待のための設備だったようだ。

この先には、「田」と記された部分を横切るように「八橋」がジグザグの形で描かれ、「十間」と長さも記されている。その先には「酒茶屋」「ホクロク堂」があり、平坦な地に至る。

こうして園内の諸施設、「名所」を見て回ったのちに、中央に広がる大きな池「大泉水」に出る。その岸辺には「松原」が広がっている。「百年余りの喬木なるべし。数百本の松、偃塞互に枝をくみ、空も見えざる程なり」とあって、多数の松が、あたかも海岸の松林のように植わっていた。

現在の後楽園と最も異なる点は、「長橋」の存在であろう。図中には「五十三間」の文字が記された橋が描かれている。途中に突出た舞台のような部分が描かれており、ここから周囲の景色を見渡すことができたと思われる。橋は、池中の中島の脇を通っており、中島には「ベンザイテン」の社がある。

長橋からは池の広がりを存分に味わうことができ、また弁財天の社のある中島を眺める、園内第一の眺望の地だった。じっさいここ長橋の途中の張出し舞台では、酒宴、詩歌の遊びが行なわれたという。

月夜には史館の儒士をめさせられ、御酒宴ありて、詩歌の御遊びありし所なり。(『後楽園紀事』)

宴会の装置として長橋および張出しの舞台があり、また広々とした眺望景観が手に入れられるように造形されていたわけだ。

名まえの意味

後楽園の園内施設の命名、すなわち意味づけを歴史的にたどってみると、そこに時代の関心が映し出されているのが見えてくる。命名と意味づけの中にあらわれるのは、その時代の教養と趣味であろう。

初代頼房と二代光圀の時にあった「名所」は、第一に「和」風趣味による。竜田川、西行堂、一ツ松（唐崎の松）、大井河、丸屋《まろや》、松原、八ツ橋、小町塚などは、和風のまたは和歌の趣味によって設けられ命名された園内の「景」である。

第二に「漢」の趣味、中国的教養の「名所」がある。西湖堤、得仁堂、八卦堂などがそれである。これらの命名は、儒教精神といった異国の厳密な思想摂取の姿勢というよりは、おおらかな好みである中国趣味から出ていると考えるのが適当だろう。この中国趣味による「景」の設置は、後楽園造成史の途中から増加しているように思える。かつて「ビイドロ御茶屋」であったものが、徳を涵養する「涵徳亭」に改造、改称され、また能舞台が焼けたのちに、その付近に新たに建造されたのは「琴画亭」であった。

明の亡命者、朱舜水《しゅしゅんすい》を政治・文化顧問のような扱いで招いた水戸光圀の頃の後楽園には、事実かどうかは定かではないが、朱舜水の設計になるといわれる中国趣味の石橋・円月橋も姿をあらわした。それにこの園の名「後楽」も中国的教養を示そうとしたものであることを忘れるわけにはゆかない。

徳川（水戸）光圀は、寛文五年（一六六五）に朱舜水を水戸藩に招き、その死去まで十八年間にわたって師事した。その朱舜水の助言で選んだ名が「後楽園」である。

> 明遺民舜水（朱之瑜《しゆ》）に命ぜられて御園の名をえらばせられし時に、宋の范文正《はんぶんせい》公の士当㆘先㆓天下之憂㆒而憂後㆓天下之楽㆒而楽㆖の語をとりて、後楽園と名付られて、御屋形より御園への唐門にも、右の三字を書して扁額となせり。（『後楽園紀事』）

この記述によれば、宋の范文正の『岳陽楼記』中の一節「士はまさに天下の憂いに先《さき》んじて憂い、天下の楽しみに後《おく》れて楽しむ」から取った名であるという。異国中国の文を範として採用する姿勢は教養の顕示でもある。庶民一般の憂いを先取りすること、そして庶民をまず楽しませ、自らはその後に楽しむ、とは為政者のありうべき心構えであり、これを光圀も採用する姿勢を示したのである。

命名だけにとどまることなく、政治哲学や倫理に関しても中国の古典に範をとる、いや少なくとも範をとる姿勢をとることが自然体であったといえようか。

都ぶりへのあこがれ

後楽園の命名にあらわれるのは、和漢をとりまぜた、和漢共存の造園といえるだろう。

小石川後楽園　小廬山

さきに「和」とは、和歌の教養につながるものとの例を挙げたが、もう一つ、同類ともいえるが別の姿勢も含まれていた。それは都ぶりへのあこがれ、京都に見立てる趣味とでも表現できるかもしれない。大井（堰）川、渡月橋、観音堂（清水舞台）、音羽滝《おとわのたき》、通天橋などはそのあらわれである。嵐山の大堰川に架かる渡月橋、東山の清水寺の本堂観音堂や近くの音羽滝、東福寺の紅葉の名所通天橋といった京都名所が多数とり入れられている。この点を増幅させてとらえるなら東国・江戸の大名庭園は都に範をとり、京都にならう造園であったと見ることができる。しかしそれほどすっきり単純な京都へのあこがれとはいえない命名の例もみられる。

その一例が小廬山である。現在、都立公園となった小石川後楽園の一般入場門を入ってすぐ左手に小山がある。この、ブンゴザサにおおわれた小山が小廬山とされている。しかしかつては、観音堂と音羽滝がある丘の付近を小廬山と名付けていたようだ。

京都では東山山麓の清水寺本堂（観音堂・舞台）や音羽滝の背景となる音羽山のあたりを中国の廬山に擬して小廬山と呼んだりしていた。それを後楽園の造園にもあてはめているわけである。この話は寛永十七年（一六四〇）に水戸光圀に求められて林羅山《はやしらざん》（道春）が小廬山の三文字を書き、その由来を記した「小廬山記」に載るところである。

洛東有山曰音羽、有寺曰清水、有滝故世称曰小廬山。（林道春「小廬山記」）

これは中国的教養を日本に適用した命名をさらに模したもので、中国趣味の直接適用ではない。あいだに日本（京都）が介在している。中国趣味というよりはむしろ京都へのあこがれの方が強いかもしれない。このように、たんなる中国趣味でも和風趣味でもない和漢の複合的な「引用」によってできあがった和漢共存の庭が後楽園だといえよう。

2　六義園——和歌の庭

柳沢吉保みずからの命名

後楽園が中国趣味を大幅にとりいれた日本庭園の性格をもつのに対して、六義園は異国趣味の少ない「和」庭園の感がつよい。また六義園は、現在も残る大名庭園の中で、その造成の初期の経過が文献の上でも比較的よくたどれる庭園でもある。

柳沢吉保が、のち六義園と名付けられることになる駒込の地を手に入れたのは、元禄八年（一六九五）四月二十二日のことである。そして『楽只堂年録《らくしどうねんろく》』によれば六義園の完成は元禄十五年（一七〇二）十月二十一日。近代的な感覚での竣工とは違うが、この日が六義園の「竣工」の日といってよいだろう。柳沢吉保が園を周遊して「名所」を定めたからである。

今日駒籠《こまごめ》の別墅《べっしょ》に遊びて、様々の名所を設《もう》く。園を六義園と云《いい》、館を六義館と云、射場を観徳場と云、馬場を千里場と云、毘沙門山を久護山《ひさもりやま》という。凡《すべ》て八十八境、記を作りて其《その》あらましを述ぶ。（『楽只堂年録』）

柳沢吉保が園内をめぐって、八十八ヵ所に名を与えたこと。園名を六義園とし、邸館を六義館と名づけたことなどが記されている。公式の記録としては、この日十月二十一日がやはり六義園の開園の日ということになるだろう。別の記録でも、「ことしの秋になりて残りなくいとなみはて《(果)》ぬ」(『松蔭日記』)とあり、元禄十五年の秋に完成(残りなく営《いとな》み果てぬ)と受取ってよい。

『楽只堂年録』は、さきのような前書きにつづいて「六義園記」と題し、やまと言葉を用いて庭園づくりの意図を説明している。

吉保さいわいにやすく平らかなる御世《みよ》にうまれて、おおけなくゆたかにあつきいつくしみをこうむる。(「六義園記」『楽只堂年録』)

吉保は幸にも太平の世に生まれ、身に余る恩寵を受け、しかも将軍に重用された、と自らのこれまでをふりかえり、幕政の諸事にも慣れ、いささか暇もできたので花鳥風月に心を遊ばせるようになったと述べる。そしてようやく和歌も心得るようになったので、「ついに駒籠のはなれ館につきて、いささかに和歌の浦のすぐれたる名所をうつす」(同前)、つまり和歌にもとづいた造園を駒込の所領に施したという。

六義園之図　（国立国会図書館所蔵）

「駒籠のはなれ館」と記すのは、和歌風の表現をとり、やまと言葉に依ろうとするためでもあるが、同時に六義園をひなびた山里風の隠遁の場に見立てる気分があるからに他ならない。じっさい「駒ごめの山里」とも記されていたからである。

駒ごめの山里

じつは六義園は、公式の竣工といえる元禄十五年以前に、もう十分に庭園として機能していた。元禄十四年（一七〇一）四月二十五日に五代将軍綱吉の生母桂昌院が六義園を訪れ、園遊を楽しんでいる。この時の桂昌院訪問（御成）の様子は、吉保の側室である町子が残した『松蔭日記《まつかげのにつき》』に詳しく記されている。序章でもふれたが、「駒ごめの山ざとに立寄らせ給うべき御《おん》けしきあなりとて、御もうけいみじういそぐ」とあり、この日のために造園を急いだと記されている。現将軍の母であり、大へんな威光をもつ桂昌院の訪問に間に合わせたということは、このとき、公式竣工の前年に六義園はほぼ完成されたとみなしてよい。だがここでせんさくしようとするのは完成年度ではない。「駒ごめの山ざと」という表現に注目したい。『松蔭日記』は、平安朝の擬古文で記されているため、そのねらいにもとづいて「山ざと」というような表現を用いたとも考えられる。しかしその意図を差し引いたとしても、六義園全体の造園のねらいは、異国風景を範とするのではなく、やはり日本の山里の雰囲気をつくりだすことにあったと考えてよいだろう。

さきにあげた「六義園記」の中でも、「園は是《これ》むくさなり」と述べられていて、当初はおそらく「むくさのその」が正式な園名だとされていたようだ。「駒籠のはなれ館」「駒ごめの山ざと」「むくさのその」といった表現に込められているのはひなびた景観の山里に隠棲する志であり、和歌のみやびな遊びにひたる姿勢を示そうとするものだろう。

園名の由来

園名の「六義」は本来、中国の詩の六種のことである。「詩経大序」に「賦・比・興・風・雅・頌」と分類された詩の六種の形容がそれである。漢詩を念頭においたなら、園名は「りくぎえん」となる。しかし六義園の当初の意図は、和歌の心を造園することにあった。すなわち「六義」とは、紀貫之《きのつらゆき》が「古今集序」で、漢詩における六義を「やまとうた」に転用して六種の分類を行った、和歌の「六種《むくさ》」のことなのである。

紀貫之が分類したのは、そえ歌、かぞえ歌、なずらえ歌、たとえ歌、ただごと歌、いわい歌の六種であり、漢詩の分類体系を和歌にあてはめた無理があるようにも思われる。だがこの分類の当否はともあれ、和歌の理論家、歌学者の紀貫之が論じた和歌の世界全体を受けとめようとする姿勢を柳沢吉保が園名の六義に込めようとしている点が重要である。したがって六義園は、「りくぎえん」ではなく「むくさのその」（「六種園」）なのである。

さきに挙げた「六義園記」は次のように叙述している。

ああうち（家）は則《すなわち》大和歌《やまとうた》なり。ここにあそべるものは、此道《このみち》にあそべるなり。園《その》は是《これ》むくさなり、ここにさとれる人は、このことわりをさとれるなり。

和歌（大和歌《やまとうた》）は家であって、庭園は六義《むくさ》（六種）である。この館に遊ぶものは、和歌の道に遊ぶのと同じであり、この庭園でさとる人は、和歌の道理をさとるのであるという。ずいぶん大きく出たな、と思われる記述だが、六義園をいかに和歌の庭として造成しようとしたかという意図は伝わってくる。

和歌の世界

じっさい、さきの叙述につづいて列記される「六義園八十八境」は、わずかな例外を除いてほとんどすべて和歌の世界にちなむ名所としてつくられた。まず園に入る門が「遊芸門」と名づけられている。これを「ゆげいもん」ではなく「ゆきのもん」と読ませるのである。そして、

> 論語にいわく、志㆓於道㆒、拠㆓於徳㆒、佑㆓於仁㆒、遊㆓於芸㆒（みちに志し、徳により、仁により、芸に遊ぶ）といえり。朱子の説にも、道は当然の理、芸は道の所㆑寓といえれば、道と芸と二つなし。此《この》園に遊ぶ人は皆道の遊びにして、治《おさま》れる世を楽しむ音を三十一字につらなるなるべし。（「六義園記」）

と説いている。道と芸は別々ではない、六義園で遊ぶ人はみな道の遊びをしているのである、とはこれまたずいぶん自分勝手な論理だと思われる。だがとにかく、この太平の世を楽しんで三十一文字の和歌の世界に遊び入りなさい、というわけだ。芸に遊ぶ門とは、和歌を楽しむ門である。孔子や朱子の説をひいてはいるが、中国趣味につなぐのではなくこれもすべて和歌の庭を意味づけるために使われている。

園内に「出汐湊《でしおのみなと》」と名付けられた岸辺がある。

和歌の浦に　月の出汐のさすままに　よるなくたずの　声はさびしき

夕日の岡のわたりなれば、月の出汐もほど近く、仙禽橋右に見ぬれば、よるなく鶴《たず》といえる風情もうつるよう也。藐姑射山《はこや》、渡月橋など、月の縁もあり、さて出汐の湊というは、湊にかかる舟はかならず出汐を待《まつ》心なり。（同前）

出汐の湊と名付けるにあたり、典拠とした和歌を挙げ、近くに、夕日の岡と名付けた丘があり、夕日のあとは月の出汐となるから命名にかなうものであるとする。しかも仙禽橋と名づけられた橋が右手に見えるから、歌にある「よる鳴く田鶴《たず》」ともうまく合う。仙禽橋の読み、和訓は、じつは「たずのはし」だからである。さらに月にかかわる渡月橋も近い。渡月橋の由来はこうだ。

和歌のうら　芦辺の田鶴の鳴声に　夜わたる月の影ぞさびしき

わたると云詞《いうことば》にて橋に用ゆ。（同前）

また、老ヶ峰《おいがみね》の説明は次のようになっている。

和歌の浦と老若の縁なり。和歌の浦、老が峯、妹背《いもせ》山、妹背松にて老若男女を兼備《かねそなえ》て千載集、新続古今などの序に、此境に成りと成り、此代に生きと生きたる人、和歌を玩《もてあそ》ばずということなきなどいえる心をふくみて。（同前）

和歌は「若」に通じ、園内に和歌の浦と老ヶ峰を設け、さらに夫婦を意味する妹背山を築くのは、老若男女だれもが和歌に親しむのがあたりまえだという意味をもたせている、という。

こんなふうに名付けられた八十八ヵ所の景致を「六義園八十八境」として順次記してゆく。ただし、六義園、六義館、観徳場、千里場、久護山《ひさもりやま》の五ヵ所は、八十八境には含まれない。

漢の教養

すでに引用したが、観徳場は射場、千里場は馬場、久護山は毘沙門山とも称する小丘である。これらは和歌の道とは直結するものではない。観徳場の名の由来は、『礼記』にある「射可㆔以観㆓徳行㆒」によるという。射ることで徳行を観るべし、との意である。「徳ある人は心正し、心正しければ矢はず違《たがわ》ず、故に射にて人のとくを見るという心なり」と説明が加えられている。

千里場の名も漢詩に由来する。「杜子美が詩に、千里奮㆓霜蹄㆒、馬のよくすすむことをいえり」、すなわち馬がよく走れるように名づけたという。久護山の由来は、陰陽道につながるかのような説明によっている。まず「毘沙門とひさもりと五音相通なり」と述べているのは、「びしゃもん」は「ひさもん」で「ひさもり」に通じるとの意味だ。というのは「播磨をはりまとよみ、鴈をかりとよむ類《たぐ》いなり」だからである。播磨を読めば、「はんま」、鴈は「がん」であるのに「はり」「かり」と読むのと同じだという。そして、

毘沙門は北方多聞《たもん》とて、須弥《しゅみ》の丑寅とはいえども、北方を司る故、鞍馬も京より丑の方なり。尤《もつとも》相応の土地にて、六義の園を長く久しく守り給うべき霊地なり。（同前）

と説かれる。毘沙門は毘沙門天の略で、須弥山の中腹北方に住する北方世界の守護神である。平安京の北方を守護するため鞍馬の寺は毘沙門天（多聞天）を祀る。そこで同じく六義園内の北方の丘を毘沙門と見て、しかも「同音」である長く久しく守る＝久護山と名づけた、という。なかなか深いというか手の込んだ説明ではある。和歌の庭としての意味づけが強いけれども、それ以外の当時の教養もフルに動員されていると見るのが当たっていると思う。

和歌のイメージで造形する

とはいえ、やはり、玉藻磯《たまものいそ》、片男波《かたおなみ》、藤波橋《ふじなみばし》、衣手岡《ころもでのおか》、千鳥橋《ちどりばし》、蛛道《ささがにのみち》など、和歌にあらわれる表現を用いた命名がほとんどを占める。

いささかに和歌の浦のすぐれたる名所をうつす。それいもの山せの山のまろかれたるあり、ときわかきわのうごきなきあり、朝日夕日は山辺《やまべ》柿本《かきのもと》のふかきあじわいをふくめり……。（同前）

といった表現は、和歌の世界から動と静、老若、陰陽など相対する要素を見出してその均衡を配慮して命名がおこなわれたことを感じさせる。

右の引用にあらわれた「いもの山せの山」は「妹山」「背山」という二つの丘を指す。「ときわかきわ」は「常盤《ときわ》」「堅盤《かきわ》」と名付けられた二つの岩を配したものである。常盤を「つねのいはほ《わお》」、堅盤を「かたきいはほ《わお》」と読ませ、つづいて「いずれも岩の名として妹《いも》背《せ》の道長久《ちょうきゅう》ならんことを祈る。常盤堅盤《ときわかきわ》という詞《ことば》、神書に多し……」と解説がある。ときわ、かきわと名付けられた岩は常《つね》であり堅《かた》い。すなわち不動の石であり、それは「妹《いも》背《せ》」つまり夫婦の仲が長く久しく続くことを願う象徴とされている。

「朝日夕日」とは、それぞれ「朝陽岩《あさひのいわお》」「夕日岡《ゆうひのおか》」を指す。相対する岩と岡にこの名を冠する心は、「山辺柿本のふかきあじわい」とのことだから、万葉の歌人で二大歌聖とも称された山辺赤人《やまべのあかひと》と柿本人麻呂《かきのもとのひとまろ》の歌にあらわれる風趣を映す命名だろう。いくつかの代表的な歌が頭に浮かべられ、造園にむすびつけられたのである。

このように、六義園には和歌のイメージをもとにした造形がちりばめられることになる。

六義園完成

けれども造園が進行中、当主の柳沢吉保は、工事現場にはほとんど姿を見せなかったようだ。

御みずからは、御いとまなくて、おわせず、家人《けにん》日々に行《ゆき》かよいて、さるかたのつくり出《いだす》べきさま、絵にかきて奉りつるを、あけくれ御《ご》らんじいれて、とかくおきてさせ給う。(『松蔭日記』)

吉保自身は政務に日々忙殺され、現場に足を運ぶ暇がない。そこで庭師たちの方針を家来たちが絵に描いて吉保のもとに運んで見せる。それを吉保は、暇があればいつも眺めては指示(掟《おきて》)を出すという風であったという。

こうして完成した庭園に、吉保自身によって六義園の名がつけられ八十八境が命名された。六義園の完成とされる元禄十五年から四年後の宝永三年（一七〇六）には、時の霊元上皇から、園内の景勝地「十二境八景」を詠んだ歌が贈られた。

神無月〔宝永三年十月〕になりて、六義園十二境八景のうた、いんより給わらせ給う。（同前）

同様の内容が「徳川実紀」の中の第五代将軍、綱吉の事績を記した「常憲院殿御実紀」にも次のように出る。

五日〔宝永三年十月〕大納言殿〔徳川綱吉〕松平美濃守吉保がもとにならせ給う。……これより先吉保が駒込の別墅に上皇より十二勝八景の名をえらばせ給い……親王達初め公卿の歌ども添て賜わりし……。

「まきもののさま、いみじうきよらなるしろききぬにかきたり」（『松蔭日記』）とあるから、白絹に和歌を書き記した巻物が届けられたようだ。上皇から「十二勝（境）八景」の勅選とともに、それぞれの景にちなんで公家達が詠んだ和歌計二十首が添えて贈られたのは、『松蔭日記』によれば吉保の側からの働きかけがあったからである。

さるやまのたたずまい、池の心ばえなど、きょう《(興)》あるさまを、えにかかせて、ついでして奉り給える……。

すなわち、六義園内の山や池の様子を絵に描いて、伝手《つて》を頼って上皇に奉呈していたという。六義園図を上皇へ献上して、具体的にどのような反応を期待し、依頼したのかは明らかではない。しかし「十二境八景」が選ばれ、和歌が添えられたのは、公家の世界からの六義園「認定」である。六義園の造園に価値が認められたということになる。

さて院へかしこまり、さま〴〵と申奉らせたまう。奉り物また心ことなり。此《この》わか《(和歌)》つこうまつれるおんかたがたにも、御おくりものし給《たまう》。(『松蔭日記』)

上皇へは心を尽くして礼を述べた上、贈り物を届けた。また和歌を詠んだ公家たちにもそれぞれ贈り物をしたという。

鼻高々

「おまえにてこれを見しかば……」とあるから、側室の町子は柳沢吉保の面前で白絹に記された「六義園十二境八景」を見せてもらったらしい。「けだかき物の、おかしうさすがにこかのうた人の、かくはえよみいでし、さるは院のうえ、いにしえにもまれなる御上手にて……」古歌を詠んだ歌人にも負けない歌であり、上皇の選も昔に勝る上手だ、と感激の言葉を記している。

『徳川実紀』によれば、こうして賜わった歌を、吉保の方では六義園図とともに五巻の巻物にして将軍に見せるべく用意していたが、所望されたので献上したという。一幕臣の屋敷の庭園に、上皇を通じて和歌が贈られる事態が稀なことでもあったからだろう。けれども京都の朝廷と江戸の幕府との庭園を通じた交流がこのような形でも行なわれていたことは公家と武家のあいだで、庭園の趣味や造園様式上に共通のものが生まれる基盤があったことを示す。

後楽園に関しても、次のような交流の逸話が残されている。もっともこの時期、まだ「後楽園」の名はない。初代頼房の代であり、後楽園は光圀が水戸の二代目藩主となった寛文元年（一六六一）以後に名付けられたものだからである。水戸家の小石川邸庭園の名声を、東福門院《とうふくもんいん》が耳にしたという。「東福門院聞召《きこしめし》及ばせられ、図に写して献ぜらるべき命有て進上おわしましければ、やがて後水尾院にも叡覧ましく〳〵て、御感なゝめならず。これより天下の名園なることを人々しらずということなし」（『後楽園紀事』）

東福門院は、後水尾天皇の中宮（夫人）であり、幕府から輿入れした将軍秀忠の娘和子《まさこ》である。生まれ育った江戸のさまざまな風聞に耳をそばだて、またなつかしく聞くことがあったとしてもおかしくはない。江戸に誕生したという庭園、それも父の二代将軍秀忠が与えた邸地に三代将軍家光が積極的に関与・後援してできあがった庭園である。関心を持ったというより、噂が京都にいる東福門院に伝わってきて当り前だった。後水尾上皇に、この情報が伝わるのも当然だろう。武家の庭園が公家の関心をひく。そしてそれが武家社会での名園観にも影響する。そんな事態が十分想像できる逸話だといえよう。

六義園の十二境八景の勅撰をうけて、柳沢家は名誉なことと鼻高々だったようだ。

　とおきあずまに、かく名所八景など勅撰の事は、めずらかにたぐいなき例なるかし。
　これにつけても、いみじと人申あえりける。（『松蔭日記』）

都から遠く離れた東国に名所八景が勅撰されるとは、例のない珍しいことだ、すばらしいと人々が語り合った、と町子は記す。そうした人々もいたことだろうが、一方で柳沢吉保がねたまれる一因にもなったはずだ。吉保は後世、悪評高い人物だが、天皇家、公家たちへの取入り方や、それに応じて名誉を手に入れる右のような経緯をみれば、たしかにねたまれ、悪口のタネになる話にはこと欠かない人物とも思える。とはいえ六義園は和歌の庭として元禄末から宝永にかけての時代に江戸の武家屋敷、大名藩邸の庭園の話題の中心であったことは間違いない。おそらく当時の日本でいちばん有名な庭園であり、また造園の模範として、強い関心をひく庭園だったろう。

3　育徳園——外様大名の庭

加賀藩邸

現在の東京大学本郷キャンパスは、かつての加賀藩邸である。三四郎池を中心とした付近は、今もわずかに庭園の趣きを見せているが、かつてはこの池を中央に抱えた大きな庭園だった。大池を中心に、周囲にはうっそうとした樹林の丘がつらなり、それを小径が縫っている、典型的な大名屋敷の庭の姿をもつのがここ加賀藩上屋敷の庭園だったのである。

この加賀藩前田氏の本郷邸の庭園部分は、育徳園と称されていた。この名がつけられたのは、松雲公第五代藩主前田綱紀のときだという。綱紀が藩主となったのは、正保《しょうほ》二年のことだから一六四五年以降になる。「育徳」の言葉は、「育徳園記」(『東京市史稿』遊園篇第一所収）によれば周代に大成された易学書『周易』に載るものだという。

境之勝者八、景之美者八、合而名レ之曰二育徳之園一。取二周易蒙所レ謂君子育徳之象一也。

すぐれた境が八つ、美しい風景が八つあるこの園を育徳の園と名づけるのは、育徳のかたちを取るという『周易』の言葉による。

本郷の加賀藩邸そのものは元和二、三年（一六一六、一七）頃に成立したと考えられているが、邸内整備が行なわれたのは、寛永三年（一六二六）頃、三代藩主利常《としつね》の代である。「寛永三年丙寅、始て四界に木墻を環《めぐ》らし」（『東邸沿革図譜』）とあり、それまでは将軍家より賜わりながら、いわば放置していた邸地の周囲に、この年はじめて木柵がめぐらされた。

うっそうたる地形

このあたり一帯はほとんど人家も見あたらない山あり谷ありの地域だったという。

前は本郷の町迄さかい《（境）》、うしろはしのばずの池までさかい、草ぼうぼうたる小笹原に谷みねも有レ之て、ところどころに青人又は下々のもののみ有て、屋敷之内まだらに茶園してぞ居たりける。（『三壺記』）

賜わった邸地は、一方が本郷の集落まで、他方は不忍池までを境界とする地域で、笹・草が生い茂る起伏のある地形である。そしてところどころ住んでいるのは下層の庶民ばかりで、邸地内各所に茶畑がみられたという。ここに邸宅を設け、敷地整備をはじめたのは、妻子の江戸住いと参勤交代の制度化が進みはじめたこともあったろう。

先《まず》四方に塀を掛けさせられ、御屋形ども立させ給い、別て寿福院様（前田利常生母小幡氏）之御屋形も立、又は御姫君様の御屋形、千勝様（前田利次）、宮松様（前田利治）の御屋形も建させらる。追々に金沢より御子様方御引越被レ成《ならせ》入らせらる。（同前）

こうして邸宅は整っていった。この時の屋敷の普請、邸内整備は領地の農民たちを江戸に移して行なわれたという。

寛永三年には、四月の初より八月の末迄一日も雨降事なく、天下共に大旱にて、国民難渋に及ぶ。……然るに依て、御国御すくいのために日用人足数多江戸へ被二召寄一、同三年の秋より神田の下屋敷に御普請被二仰付一。（同前）

右の『三壺記』等の諸記録を比較検討して書かれた『東邸沿革図譜』では、

今年四月より八月に至て雨なし。我三州の諸民窮するを以て、三州の人夫を江戸へ召し、

と、『三壺記』の叙述にあるように漠然と「国民難渋」と記すのではなく、「三州」すなわち領地である加賀・能登・越中の農民の困窮を思い、江戸に呼んで屋敷普請に当たらせたとする。大干ばつとなり、百姓は耕作に当たろうにもなすすべがなかった。多くの者が奉公に出たり、なんらかの仕事を求めていたところを藩主が案じて、救済のためにこれら窮民を江戸に呼び寄せ、屋敷普請の仕事を与えたのだという説明になっている。

いかにも善政を施したかのような解釈によっているが、じっさいは急いで行う必要があった邸地整備への動員だったかもしれない。のちに庭園名に採用されることになる「育徳」そのままの施策のように受取れるが、じじつそれから三年後、将軍秀忠、家光の御成が四月にたてつづけに続いているから、こうした重要な行事に備える必要も予想されていたと思われる。

じつは下屋敷だった

ここで注意しなければならないのは、この本郷邸が「下屋敷」と記されている点である。育徳園は、加賀藩上屋敷にあったのであり、その上屋敷が明治に入って上地され、東京大

学本郷キャンパスになったと理解していると混乱してくる。しかし『三壺記』(また『東邸沿革図譜』)の記述は誤りではなく、加賀藩は、この地を当初下屋敷として拝領したのである。当時加賀藩の上屋敷は、江戸城大手門前、辰口《たつのぐち》にあった。前田利常が慶長十年(一六〇五)に家康から与えられた邸地である。もっとも慶長五年(一六〇〇)に、前田利長が母の芳春院を江戸に送ったときから加賀藩の邸地となってはいたが、「上屋敷」との規定はまだなかった。元和三年(一六一七)五月に秀忠の御成があったから、ここにも小規模ながら庭園らしきものはあったと考えられる。この屋敷(辰口邸)は寛永九年(一六三二)に焼け、翌年再建された。その再建された屋敷が、明暦の大火でふたたび焼け、上地となった。そして代わりに与えられた上屋敷が筋違邸である。この筋違邸が上屋敷だったのは天和二年(一六八二)までで、そののち本郷の邸地が上屋敷となったのである。

さて、まだ下屋敷だった本郷邸にどのような庭園があったのだろうか。文献と絵図からその姿にせまってみよう。

家光・秀忠の御成

加賀藩本郷邸の庭園の存在をうかがわせる記述は、寛永の頃について記されたものから始まる。『東武実録』には、「二十六日〔寛永六年(一六二九)四月〕、将軍家〔家光〕松平肥前守利常〔前田利常〕が別墅《べつしょ》に渡御あり」と、家光の御成が記され、その後贈答品のやりとりがこまかく記載されている。将軍の御成が受けられるのは、接待のための装置としてできあがっていたと考えてよい。つづいて「事畢《ことはて》て広間に出御、猿楽上覧あり、能三番過て、御休息の間に入御、時に舞台に鳥目〔銭〕五百貫を積み、太夫に小袖其外の役者に小袖を与る」（『東武実録』）と記されており、広間のある建物、能舞台などが設けられていたことはわかるが庭園はどうか。その後に「数寄ノ道具」として掛物や水指、茶入、香合などの記載があるから数寄屋での茶事が盛大に行われたことがわかる。「書院」の飾り付けも記されているからすでに述べたような数寄の御成というべき茶事が行なわれたらしい。とすれば茶庭の構えはあったと想像される。

それから三日後、秀忠の御成の記録には、庭園の存在を確認できる記述がある。

同二十九日　公〔秀忠〕松平肥前守利常が別墅に渡御あり。御相伴水戸黄門頼房卿、藤堂和泉守高虎、立花飛驒守宗茂、今日の御相伴たるべきの由、昨日仰出されるに依て、今朝黎明に利常が別墅に予参、外露路に於て御成りを相待つ。公　卯の后刻（剋）渡御あり。御相伴の面々外露路の堂の前に於て謁し、数寄屋に入御の供奉す。数寄屋の茶器座敷の飾り、去る二十六日将軍家渡御の時に同じ。（同前）

「外露路」といった庭のしつらいがあったことがわかる。しかも家光の御成の時と数寄屋の茶器・飾り付けが同じだというから、家光御成の際にも外露路の利用の仕方は同じであったと思われる。

公　数寄屋に入御、掛物上覧、御著座の時御膳を献ず。御膳過て後、御中立有り。御腰掛にて暫《しば》し御休息、又数寄屋に入御、公　御花遊《あそば》されし後、御茶召し上げられ、頼房卿に賜る。（同前）

「御膳」を終えたのち「中立」ではやはり庭に出ている。そして「腰掛」での休息には、庭園の鑑賞も含まれていただろう。その後、書院に入っての生花など、全体として盛りだくさんな宴遊・園遊となっている。さらに「御成書院」での「猿楽」があり、また七五三の「御膳」が出され、盃のやりとりがあり、「数寄の御成」が庭園をも舞台として盛大に行なわれたことが想像できる。

御成の際のぜいたく、大量の消費については近世考古学の成果からもあとづけられる。東京大学医学部附属病院の改築工事に際して、一九八四年加賀藩本郷邸の一角を占めていた大聖寺藩邸跡から、御成の宴会の遺物が大量に見つかった。それは素焼の杯であるかわらけや木製品の折敷や曲物だった。これらが宴会終了後、大量に池に投棄され、それが出土したのである。これらの饗宴のための食器類は使い捨てであったらしく、御成がいかに濫費をともなうものであるか、その一端が考古学によって証明された。（藤本強『埋もれた江戸』）

江戸図屏風

けれどもこのような遺物や文献だけでは、本郷邸の庭園の具体的な様子をそれほど鮮やかに頭に思い浮かべることはできない。だがありがたいことに、江戸図屏風と通称される屏風絵に本郷邸の庭園が描かれているのである。この屏風に描かれた景観は、家光時代のものと推定されており、当時の本郷邸の庭園を想像させる有力な材料となる。

この図の屋敷には「加賀肥前守下屋敷」と記され、入りくんだ岸辺をもつ大きな池が描かれている。そり橋形式の土橋が池に架かり、カヤ葺きの四阿、大石を組んだ石組や滝が見え、枝ぶりのよい松、花木も植わっている。塀に沿った部分はうっそうとした樹林であり、全体として見事に整った庭園の姿を示している。これほどの完成された庭園がたしかに寛永期のこの当時に存在したのだろうか。

ふたたび文献に目を向けてみよう。さきの家光・秀忠の御成の年から九年後、寛永十五年（一六三八）に再び家光の御成があった。

……此《この》渡御の事、前年内命有て、茨木小刑部に作事奉行を命ぜられ、露路中、泉石仮

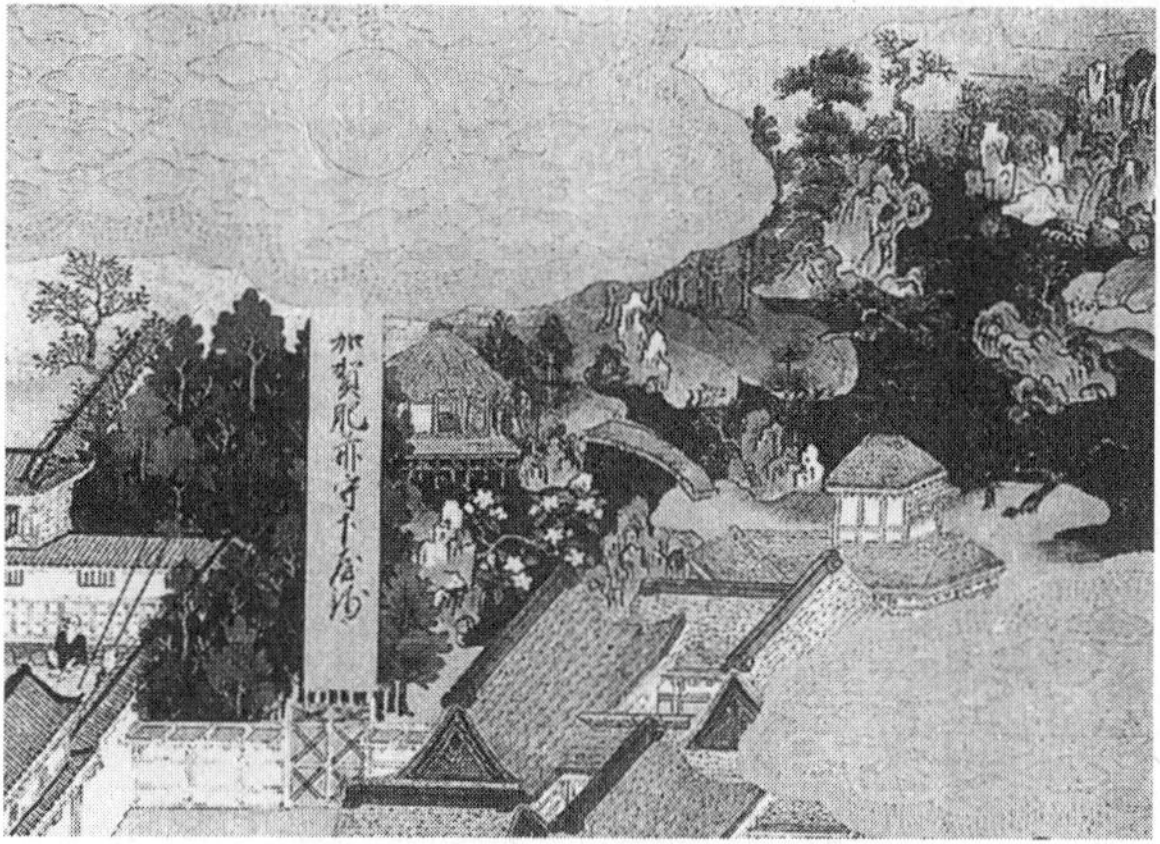

江戸図屛風　加賀肥前守下屋敷　（国立歴史民俗博物館所蔵）

山造成、富士見亭、麻木亭、達磨亭、唐笠亭、三角亭、鳩亭等建つ。（『東邸沿革図譜』）

この文献『東邸沿革図譜』は、さきにも述べたが江戸後期に各種の文書にあたってまとめたものであり、その記載の客観性には必ずしも全面的な信頼が置けるものではない。けれどもここに記された庭園の景観を江戸図屛風の描写と重ねあわせて考えると、当時の庭園の様子とさほどかけはなれた記述とは思えない。「泉石仮山」や「〇〇亭」と名付けられた茶亭、四阿の存在は、寛永期の本郷邸の庭園景観と受取ってよさそうである。

記述では「富士見亭」をはじめ六ヵ所以上もの茶亭がある。それは後世からみた過

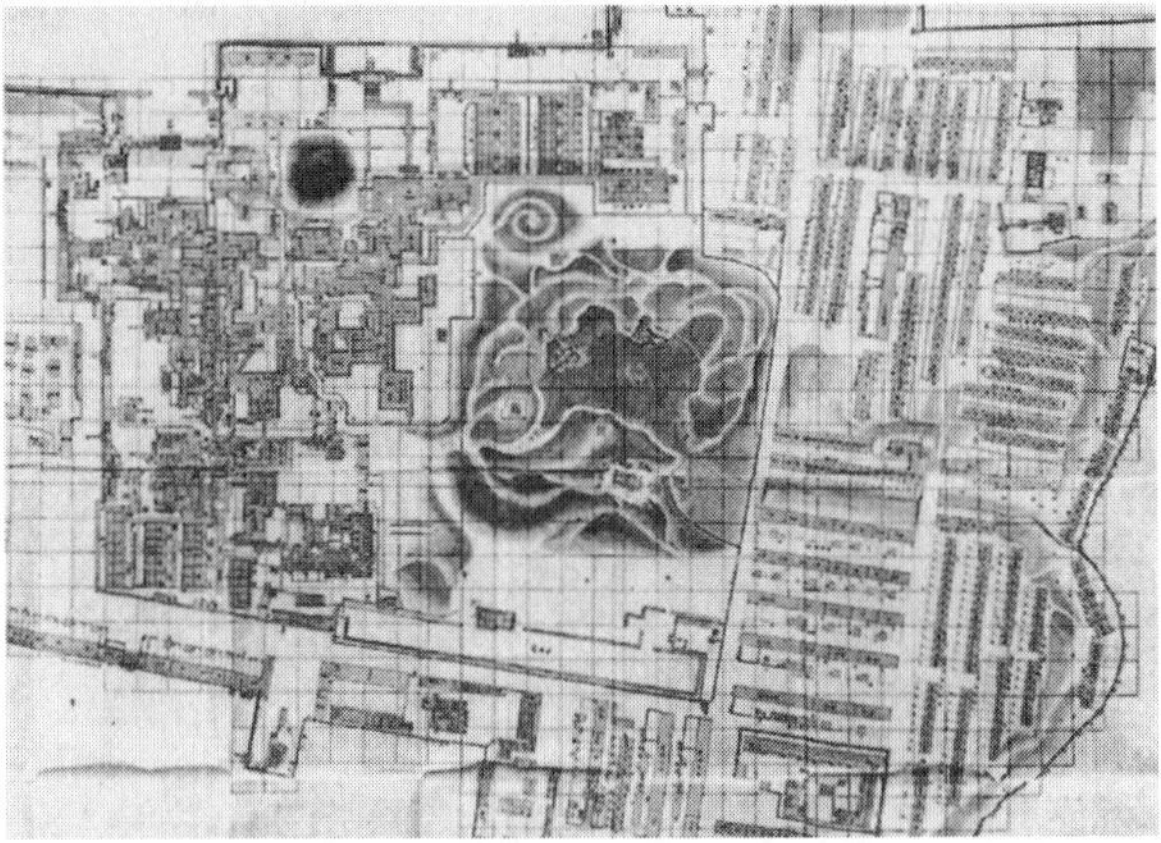

本郷育徳園　江戸御上屋敷惣御絵図　(金沢市立玉川図書館所蔵)

去の理想化や誇張かもしれず、また江戸図屏風に描かれている茶亭が一ヵ所しかないことと矛盾するとの見方もとれる。けれども金雲を多用して描写を省略・簡素化する手法は屏風絵一般に共通するものであり、一方(文献)での誇張と他方(屏風絵)での省略を合わせて考察する必要があろう。双方に理想化され、省略された叙述と描写が含まれているとしても、当時の大名屋敷の庭園は二つの史料の比較検討によって実像に近い姿をとりだせると考えてよいだろう。

江戸図屏風には、この本郷邸以外に他の大名屋敷中の庭園が描かれている。美しく造園された様子が各所に見え、しかもそれらは画一的な描き方ではなく、それぞれに特徴ある景観として描かれている。この点からも屛風絵描写の相当な客観性が浮かびあがってくる。やはり江戸の大名屋敷内には手入れに心した庭園が少なからず存在したと考えることができるのである。

現在、金沢市立図書館に江戸後期の「江戸御上屋敷物御絵図」が残されている。彩色された美しい大きな絵図だが、育徳園が占める面積は、屋敷全体からみるとそう大きくない。御殿空間や「御貸小屋」と称される家人たちの住居が育徳園をとりまき、広い面積を占めている。これに比べると江戸図屛風に描かれた屋敷の庭園部分はずいぶん広い印象を受ける。時代が下るにつれて住居の占める割合が増えていったとの想像も可能だ。

現在の三四郎池付近の地形や景観から考えても、この付近は起伏に富んでいたことが想像される。江戸後期の絵図にも、池をとりまくように、うっそうと樹木が茂る山が描かれている。そこで寛永期の頃のこの庭園は、深山幽谷という表現が似合うような景観をみせていたとみてよいだろう。そう考えると江戸図屛風の描写は、さらにいっそう当時の姿を現実的に写しだしていると思えてくる。

茶事を楽しむ庭園として

さきにいくつか例をあげた、将軍御成の際の大名屋敷の庭園が、山里の景観を示していたこと、園内には山中の茶屋をおもわせる建物が設けられていたことなどをここで思い出していただきたい。初期の大名屋敷の庭園は、茶事を楽しむにしても山中の谷川の水を汲む趣向を取入れたり、山間のわびしい茶屋を舞台として行うような装置だった。建設途上でまだまだ森や谷がどこにも残る都市江戸の環境を生かした、というよりそんな環境から余儀なくつくり出された庭園が大名屋敷の庭園だった。のちに「大名庭園」として誕生する明るくのびやかな空間は優勢ではなかった。芝生と池によって広々とした開放的な景観をつくりだす造園はまだあらわれていなかった。大名屋敷の庭園は山中、山里、あるいは渓流、深山といった表現が頭に浮かんでくるような雰囲気を色濃く備えていた。大名屋敷の庭園は、「わび茶」や「草庵の茶」の観念にしばられていたともいえるだろう。しかも京、大坂、堺で行なわれている「茶」よりも「わび」や「山居」を極端に含んで行われる茶事の場としてできあがっていた。外様大名の庭園である育徳園も、親藩・御三家の水戸藩後楽園と同じく初期は茶事を越えた庭園の性格をもっていなかった。また将軍の寵愛を受けた柳沢吉保の六義園を越えるような遊びの心を備えた装置でもなかった。江戸の大名庭園と呼びうるような独特のおおらかな雰囲気をもつ庭園は、もうしばらく時代を待たなければ生まれなかったのである。

第三章　政事と遊事の秘園

Granite Slab Bridge.

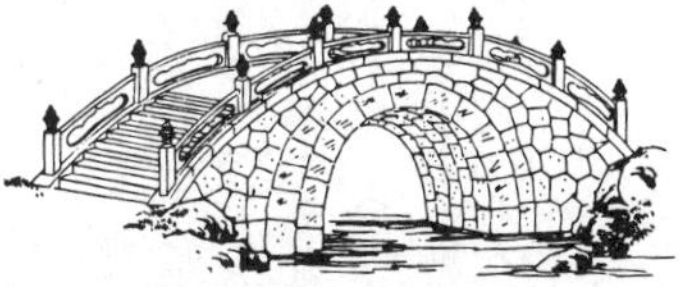

Chinese "Full-moon" Bridge.

1 「天下の三名園」はどうきまったか

あいまいな価値基準

大名庭園と呼んでよい庭園は地方城下町にもできた。現在、県庁所在地になっている地方都市で有名な庭園はみな大名庭園といってもよいくらいだ。それらは江戸の大名庭園に比べれば、よく保存されており、また観光名所としても知られている。それはどうしてだろうか。

兼六園《けんろくえん》や栗林公園《りつりんこうえん》、岡山後楽園などの名を聞くと、天下の三名園とか三公園といった表現が頭に浮んでくる。旅行ガイドブックやパンフレット、庭園の手頃な案内書、あるいはまた、バスの車内放送やたまたま乗ったタクシーの運転手さんから仕入れる情報がもとである。しかしどうも「三名園」とか「三公園」は、どれがどれに含まれるのか、いつごろからそう言われているのか、じつにあやふやで不確かなものである。試みに庭園史の権威ある書物を開いてみても、三名園と三公園は混乱している。ましてや旅行のガイドブックなどでは、一定した分類はみつからないようだ。

最近は、「日本三公園」はほとんど見かけない。日本三名園が幅をきかしているが、こんな表現がいつから始まり、いつごろから混同されて用いられるようになったかをきちんとたどってみれば、これらの表記のあやうさのほか、価値づけの基準のあいまいさがはっきりしてくると思う。伝聞・伝承や引用のいいかげんさ、また知名度とはいったいどのようにして形成されるのかといった「教養」のあり方も一部は見えてくるかもしれない。そんな作業もおもしろいと思う。けれども三名園といい三公園というそのルーツをたどることが、どれほど大名庭園の歴史と文化史上の意味を考える本書の意図に有用なのか読者には疑問に思えるかもしれない。ところが、この三名園と三公園という表現は、意外に大名庭園の歴史にとって大きな意味を持っている。そのことをしばらく述べてみたい。

じっさい三名園や三公園に数えられている庭園は混乱しているとはいえ、すべて大名庭園である。庭園の本場とみなされる京都の庭は全く含まれていない。大名庭園が多数存在していた江戸の「名園」と呼ばれるものも三名園・三公園には一つも入っていない。すべて京都・江戸以外の城下町の庭園ばかりである。なぜこのような事態が起きたのか。

三名園・三公園の表現は、おそらく日本三景との類似から考えだされたものだろうとの想像が湧く。わが国で並び称せられるという三つの景勝地、天橋立《あまのはしだて》、松島、厳島《いつくしま》が日本三景であるが、この名称の初出ははっきりしない。林春斎、林春徳編『日本国事跡考』（一六四三）にあらわれる「三処奇観」がその原形らしいが、三景はすでに江戸時代から文人たちのあいだで語られ、それが人々のあいだでも広く通用していた。そもそも地方の城下町で藩主の庭園が自由な見物に任されていたことはないから、誰もが唱えるような三名園というような呼称はなかったのは間違いないだろう。ましてや三公園などというのは、日本に公園制度が誕生した明治六年（一八七三）以前には生まれ得なかったはずである。藩主の「公」が所有する庭園、との意味で「公園」と呼ぶ可能性はなくはないが、そのような例で、はっきり記録に残るものはない。やはり、三名園、三公園の名称は明治以降に生まれ、人々に受入れられるようになった近代の表現であろうと思われる。これについては一つの興味深い証言がある。

行幸と御成

明治の庭園史家小沢圭次郎《おざわけいじろう》が大正四年（一九一五）に出版された書物中で述べているのだが、誰が言いだしたものか、水戸の偕楽園《かいらくえん》、金沢の兼六園、岡山の後楽園を日本三公園と称しているという。

何人の首唱で出でしか、日本三公園と称し、水戸の常盤《ときわ》公園、金沢の兼六公園、岡山の後楽公園を以て之《これ》に充《あ》てたり。（「明治庭園記」『明治園芸史』所収、傍点筆者）

小沢圭次郎は、明治のある時点から日本三公園などという表現があらわれたとみなしている。ここで興味深いのは、小沢が三つすべてを「公園」と呼んでいることである。常盤公園とは、偕楽園のことである。明治六年一月に出された公園設置に関する太政官布達をうけて、その年の十二月に国の公園として、この名称が採用された。兼六園、後楽園と同じく大名の国元の庭園であり、それが明治政府の土地分類に位置づけられ、「公園」の名称をもつようになった。小沢圭次郎は、江戸の大名庭園の衰亡を嘆き、新政府の公園・土地政策に不満を鳴らしていた人物だが、ここでは明治政府の「公園」の呼称を忠実に受入れている。

小沢圭次郎がここで三公園について述べ、三名園にふれていないことは重要だ。もし日本三名園の呼称があったとしたら、当然それについても一言述べるはずである。小沢は明治から大正にかけて、日本の庭園については文献や図面を含めて最も多くの情報を集め、各地の公園開設に関してもよく通じていた造園史の第一人者だった。その小沢圭次郎が日本三名園について一言もふれていないのは、当時その呼称がなかったからである。小沢は、日本三公園をとりあげて、根拠のない妄説だと退けるが、この俗説が生まれた発端を匂わせるようなことを別の個所に書いている。それによれば、明治十八年（一八八五）、岡山後楽園に明治天皇の御幸があり、その時東京の各新聞がきそってとりあげたため、後楽園の名が知れわたった。その後、この庭園を偕楽園、兼六園と並べて日本三公園と称する俗説が生まれたという。

十八年八月、明治天皇西幸の際に、此園中延養亭に玉座を設け、駐輦《ちゅうれん》の処とせられたるが、此時、東京の各新聞記者、筆を揮《ふるう》て園事を記述しければ、岡山後楽園の名は、一時四海に喧伝《けんでん》するに至れり、爾後《じご》何者の俗眼か、日本三公園の目を設け、常陸《ひたち》常盤公園、加賀兼六公園と、此園を挙げて、之に充てたり。世間耳食の輩は、翕然《きゅうぜん》として此俗説に服従して、事実全く然《しか》りと思惟しけるぞ是非なけれ。（同前）

明治天皇の行幸によって岡山後楽園は全国に知れわたるようになり、そして日本三公園の俗説が誕生した。しかも興味深いのは、明治天皇が、これよりさき明治十一年に兼六園に行幸していることである。日本三公園の名称が浮上する直接のきっかけは、小沢の言うように岡山後楽園への行幸かもしれないが、底流として、各地への天皇行幸がありそうな気がする。

大名庭園についての記述が残され、その名が知られる重要なきっかけは将軍家の御成にあったことが思い出される。将軍家御成は、江戸にある大名庭園の名を高めた。たとえそれが武家社会に限られていたにしても、御成によって大名庭園は全国化したといってよいだろう。大名庭園は、将軍御成を通して武家社会の「公」園となったのである。なぜなら一藩がかかえこんでいる私的な施設にすぎない庭園が、御成によって社会化するからである。

将軍御成は、天皇の御幸にあたる。徳川政権下、御成によって社会化・全国化したのが江戸の大名庭園だとすると、天皇の行幸によって社会化・全国化したのが諸国の城下にある大名庭園だった。江戸の大名庭園の多くは明治政府の政策によって官庁や工場の用地となって消滅したが、天皇行幸は地方城下町の大名庭園を救った。明治政府の土地収公＝上地にほんろうされる大名庭園は、公園制度の導入によって多くが基本的に保護され、とくにいくつかは行幸によって幸運をつかんだ。天皇御幸によって祝福された地方城下町の大名庭園が日本三公園だったといえる。

公園から名園へ

しかし現在では日本三公園の呼称に、ほとんど出会わない。たいていが日本三名園になっている。公園と呼ぶだけで新しい時代の新しい民衆の庭園が観念できた時期が過ぎ、一から造成された公園が各地に誕生しはじめると、前の時代の様式をもった大規模な庭園である大名庭園は、公園イメージからはずれた庭園だと思われるようになってきた。旧来の様式を色濃く残す大名庭園はむしろ旧来の名称がふさわしいように感じられはじめた。そして小沢圭次郎が記しているような常盤公園、兼六公園、後楽公園は消えてゆき、偕楽園、兼六園、後楽園の名が復活する。これを総称するには日本三公園というより、日本三名園の呼称の方がやはりしっくりする。そんな語感も手伝って日本三名園の方が、より口に上るようになったのだろう。しかもその中で、栗林公園、水前寺公園の名は比較的長く残った。この二つは、日本三公園に劣らない規模と意匠を備えている。「公園」と呼ばれないものが日本三公園に含まれ、ちゃんと公園の名をもつものが、なぜか入っていない。日本三公園が混乱し、日本三名園が浮上してくる背景としてこんな事情もあったと思われる。

けれども日本三公園であれ、日本三名園であれ、明治以後に有名になったのは、江戸の大名庭園ではなく、地方城下町の大名庭園だった。たとえば後楽園は、先輩にあたる東京の後楽園よりはるかに岡山の方がよく名が知られるようになった。東京の後楽園に「小石川」をつけなくてはならないほど、岡山の後楽園は知名度をあげた。のちには遊園地や野球場の造成が東京の後楽園にとって逆風となる。

それまでは藩主と家臣のあいだで、そしてせいぜい城下でしか知られていなかった庭園である。しかも明治四年以前は後楽園の名はなく、後園《こうえん》や御《ご》後園《こうえん》などと呼ばれていたにもかかわらずである。明治になってはじめて名が知られ、人々の目にふれるようになった新鮮さもあっただろう。しかしやはり明治天皇の行幸とその際の当時の新聞界による情報の流布が大きく作用していると思われる。城下町に存在した藩主の庭園は、徳川の時代が去ってから新しい機能を担って登場した明治の大名庭園だった。

大名庭園は、その規模においても、またその様式においても公園にそのままなれる。規模の上では万人に向けた公開が可能であるし、また様式の上では、新しい時代の利用者が求める各種機能に対応できる。もともと、江戸にある大名庭園と同じ規模、同じ様式を備えた城下町の大名庭園は、東京と同じ水準の都市施設が地方にあるという点で、明治維新後の地方都市が求める「東京並み」の感覚にも応えてくれる喜ばしい装置だった。だが本当に、城下町の大名庭園は江戸のそれと同じ規模、同じ様式だったのか。それは江戸の大名庭園と同じように使われたのか。そこをたどってみることにしよう。

2　金沢兼六園

六つの条件

金沢の兼六園は高台にある。現在の主要な入園門である広坂《ひろさか》の交差点から園内に入ると、そこからもまだかなり勾配のきつい真弓坂を上ってゆかねばならない。兼六園の写真や絵はがきに必ず登場する、特徴ある灯籠、徽軫《ことじ》灯籠のあたりにまで至ると、そこからパッと展望が開ける。まるでパノラマ風景を見るための展望台のようなこのあたりから、卯辰山を背後にひかえた金沢市内東北部と浅野川の流れが広々と見渡せる。小丘に登れば展望が開ける庭園は少なくないけれども、主要な平坦部分から、しかも見おろすような広い眺望が得られる大名庭園は珍しい。

けれどもこの俯瞰眺望が可能な大名庭園になったのは、ずいぶん後のことだと思われる。そもそも兼六園の命名自体が、文政五年（一八二二）である。第十二代藩主前田斉広《なりなが》が松平定信に懇請してつけてもらったものだ。斉広自身の命名との説もあるが、いずれにしても十九世紀に入ってからのことである。現在の姿に近い兼六園の成立は、早くとも江戸後期とみてよいだろう。

兼六園とは、六つを兼ねている庭園との意味である。これは中国、宋の李《り》格非《かくひ》の著した『洛陽名園記』からとったものという。

園圃の勝、相兼ね能《あたわ》ざるもの六（あり）。宏大に務《つと》むれば幽邃《ゆうすい》少し、人力勝れば蒼古少し、水泉多ければ眺望難《かた》し。

宏大、幽邃、人力、蒼古、水泉、眺望の六つは兼ね備えるのが困難であるが、この六つを兼備しているものこそ名園と呼びうるとの意である。

松平定信が命名者だとして、彼はこの庭園を見ていない。けれどもこの命名は、なかなか庭園の美的造形の真髄を言い当てていると思う。またじっさいの庭園も私の目からみて「兼六」を果たしていると思う。とくに最後の「眺望」は、他の大名庭園がもっていない違ったタイプの眺望であり、池や流れや滝をたっぷり備えながら実現されている眺望でもある点で、兼六園は評価できる。ただし、六つを兼ね備えているとはいえ、すべてがまとまって一園を構成しえたのはそれほど古いことではなく、幕末だった。

観月台とも呼ばれる蠑螺山《さざえ》が築かれたのが天保八年（一八三七）、第十三代の斉泰《なりやす》が藩主のときである。中央の池、霞ヶ池を掘り広げた土を盛ってつくられたといわれる。つまり霞ヶ池もこのとき広くなったのである。嘉永四年（一八五一）には、池の東南側一帯にあった竹沢御屋敷がなくなり曲水ができ、灯籠も配置され植栽も整えられて、あの雪吊りの姿でよく知られる松に特徴づけられる景観が生まれたと思われる。

このあたり全体は千歳台《ちとせだい》と呼ばれ、ここに建てられていた御殿の名前から竹沢御庭とも呼ばれていた。ここからは西に当たるかなり斜面を下った古くからの庭園部を蓮池《はすいけ》とか蓮《はす》池庭《いけのにわ》または蓮池御庭《はすいけのおにわ》と呼んだ。現在、海石塔が中島に立つ瓢《ひさご》池のある庭である。つまり現在の兼六園を大づかみにとらえれば、かつての竹沢御庭である上部庭園と蓮池御庭と呼ばれていた下部庭園の二つで構成されている。

「兼六園」の機能

竹沢御庭の呼称がどのように変遷し、また蓮池庭、蓮池御庭がどのような名で呼ばれていたかをいくらこまかく詮索してもこの庭園の機能の特徴はつかめない。とにかく大づかみに形態上は上部庭園と下部庭園からなっており、上部庭園を千歳台（もしくは竹沢御庭）、下部庭園を蓮池庭と呼んでおくことにしたい。

蓮池庭については、延宝四年（一六七六）五代藩主前田綱紀《つなのり》が瓢池《ひさご》を掘り、また数寄屋を建てたとの記録が残る。この造成が注目に値するのは、庭園が茶事を念頭につくられたと思われるからである。初期江戸の大名庭園が茶事を中心に考えて造園が行なわれていたことを思い出していただきたい。蓮池庭では、延宝六年（一六七八）藩主綱紀が口切りの茶事を催した。この茶事に招かれた重臣による記録によって二年前の延宝四年の造園が想像できるのである。下部庭園である蓮池庭は、まず大名庭園の歴史にかなう、茶事のための庭として出発したとみてよい。

しかしこれよりはるか以前、慶長元年（一五九六）二代藩主前田利長《としなが》が、明の儒者王伯《おうはく》子《し》を招いて、蓮池庭に住まわせたとの記録が残る。そこにはそれなりの造園がなされていたかもしれない。しかし、当時はまだ回遊を目的とした広大な大名庭園である兼六園の規模と意匠を備えていなかったことは間違いない。しかも茶事のための庭園の規模も備えていたかどうか。それから八十年後の五代綱紀が設けた盛大な茶事のための庭といった性格を凌駕するような規模と機能を備えた庭園は、想像できないのである。

賢庭の造営か？

一方、千歳台の方では別の造園が行なわれていたとの説がある。この説は、寛永七、八年（一六三〇、三一）ごろ小堀遠州の配下である賢庭なる人物が、加賀藩前田家の庭づくりに金沢に出向いていたらしい記事が金地院崇伝《こんちいんすうでん》の日記「本光国師日記」にあらわれるとする。

重森三玲《しげもりみれい》および弟の完途《かんと》、そして重森説を採用したとも思われるが『石川県の地名』の「兼六園」の項の筆者である。この説は京都と金沢の造園史をつなぐ上でもなかなか魅力的なのだが、いかんせん、造園を行ったのが千歳台だという、場所を特定する決め手に欠ける。

小遠州卯月五日之返書来。泉水之儀、賢庭加州下候間、上次第可申付候由申来。（寛永七年四月十一日の条）

本光国師のもとに「小堀遠州から四月五日付の返書が届いた。造庭については、賢庭を加賀へ行かせているので、それが済み次第申し付ける旨の返事だった」というものである。ここで記されている内容を、賢庭が加賀で造園を行っていたと読むのは妥当だとしても今の兼六園のどこかにあたる所で、とするにはかなりの飛躍が必要だ。だがこの説をとる人たちは兼六園内南東の隅、ちょうど蓮池庭部分の反対側の隅にある築山と石組がそれだという。この手法は賢庭独特といってよいもので、おそらく彼が造園していたのはここだったろうというのである。

想像を思いのままにめぐらすのは楽しいが、確認をとるのは難しい。はじめこのあたりは藩主前田家の屋敷地だった。その後元和六年（一六二〇）からは、藩士の屋敷地にあてられたという。延宝期（一六七三〜八一）の金沢城下を描いた地図では、千歳台には重臣たちの屋敷が並んでいる。その屋敷内にかつての藩主屋敷の築山と石組が保存され、のちにまた藩主の邸地となって兼六園内に復活したとみることはもちろん可能だ。けれども、これはすべて想像だけの世界に近い。その想像に少しでもいいから補強材となってくれる史料が全く欠けている。

延宝期の城下地図で、千歳台の部分が重臣の屋敷となっており、他方蓮池庭にあたる部分は「御作事所」と記されている。この作事所（建設・土木部門担当の部署）には「離亭」があったといわれる。庭園が存在した可能性は高いが、それでも大規模なものとは考えられない。この作事所は延宝四年（一六七六）に城内に移され、その跡地は藩主の別邸になった。そこに「江戸町御亭」ができたという（江戸町というのは、かつて慶長のころ前田家に輿入れしたのちの将軍秀忠の第二女珠《たま》姫に、江戸からつき従ってきた多数の女房や従士たちを住まわせる長屋が軒をつらねていたために生まれた名である）。そこには庭園も設けられ茶事ができる数寄屋が建てられたという。そしてこれが、兼六園の下部庭園にあたる蓮池庭の始まりとなる。そして二年後、さきに記した招宴が開かれた。老臣たちが藩主から饗応をうけたのである。茶事の宴会が行えるような庭園があったことは間違いないだろう。

こうして見てくると、上部庭園の地域にはまだ庭園らしきものは存在せず（たとえあったとしても重臣の屋敷内の庭園）、下部庭園部に蓮池庭があったとみてよい。といってもやはり規模からしても大名庭園と呼べるような庭園ではなかった。

「蓮池御亭」の宴

貞享三年（一六八六）八月十五日第五代藩主綱紀が老臣を「蓮池御亭」に招いて宴を開いている。「八月十五日於蓮池御亭、安房、佐渡、壱岐、伊予四人へ御茶被下」（「参議公年表」『加賀藩史料』第四編所収）と出るのがそれである。「御茶を下さる」とは茶事の宴に招いたということである。「安房、佐渡、壱岐、伊予」とは、本多安房政長、前田佐渡孝貞、奥村壱岐悳輝、奥村伊予時成の重臣たち四名である。

御料理二汁五菜、後段御茶被下。已後御庭見物、所々御亭に御菓子等御飾物多。其已後御花畠見物。

重臣らは二汁五菜の料理をいただき、その後、茶が出されている。それから、御庭の見物があり、庭内にある「御亭」＝茶亭で菓子が出された。その茶亭には飾物が多数整えられていた。茶、料理、再び茶、そして、そのつぎには「御庭見物」ではなく、「御花畠見物」となっているから、珍しい植物を見物したりきれいな花の観賞のようなこともやったようだ。庭見物と花畠見物は違う観賞行為として区別されている。そのほかに茶室での飾物観賞などがつづいた。盛りだくさんの行事にいろどられた盛大な宴会である。行事はこれだけでは終らない。

馬場の方御亭於御前御馬拝見。終而《おわりて》馬場の御亭にて御菓子、御吸物、御酒、右四人江御盃被下。（同前）

馬場で騎馬のデモンストレーションもあったらしく、馬を藩主とともに拝見して、馬場近くの茶亭でまた菓子、吸物、酒が出された。延々と続く宴会である。なお「菓子」と出るのは、甘い菓子とみてもよいが、ここでは酒の肴も考えられる。

御勝手取持筑後、備前、玄蕃、与十郎、兵部、新左衛門六人へも、於御勝手御料理被下之。人々御差図にて御酒数篇、年寄中謡、御酒宴夜に入、酉《とり》の下剋（刻）相済。（同前）

重臣四人と同時に「御勝手」で臣下六人にも、料理・酒がふるまわれている。年寄たちが謡《うた》い、酒宴は夜まで続き、酉の下刻というから七時ころに終った。

ところがこの後に庭ではなく御殿であろうと思われるが、月見の宴が催され、別の臣下たちにも酒が出されている。

同日夜御月見に付、当番御使番已上、於檜垣の間、二の御間、御菓子、御吸物、御酒被下、所々御番人於番所、御歩已下《おかちいか》於御台所被下之。（同前）

「当番御使番」たちは座敷で、番人は番所で、御徒歩《おかち》以下の者たちは台所で酒をいただいたという。この日は上から下まで藩をあげての大宴会だったようだ。こうした宴会の主会場として、「所々御亭」すなわち各所に設けられた茶亭をもつ庭園があてられている。庭園は茶事という表現よりは饗宴の方が似合う盛大な行事の会場となっている。いささか引用が過ぎたと思うが、いかに宴会が盛りだくさんの行事を組み込んでいるか、そして延々とつづくかを知ってもらうために引いてみた。そして庭園はその宴会全体の舞台となり、また観賞の対象にもなっている。宴会あっての庭園、庭園あっての宴会といった感じで、庭園と宴会は切りはなすことができない一体のものになっている。

狩猟の場

だが大名の庭園は、宴会以外の機能も備えていた。時代はかなり下り安永三年（一七七四）二月のことであるが第十一代藩主前田治脩《はるなが》が鳥猟を行った「手記」がある。水鳥を網で捕獲するのであるが、この「手記」からは、その時の藩主の熱中ぶりが生き生きした臨場感をもって伝わってくる。

藩主治脩が、蓮池庭へ見張りを派遣したところ、水鳥が二つがい飛来しているとの報告があった。そこで、

八《やつ》半頃小屋へ行《ゆき》、見候処《みそうろうところ》、根笹の一二《いちに》の辺徘徊す。これよりあみたずさえ、根笹の方へ行。尤鳥は二つがい也。根笹の二の方窓より見候処、最初は手前の方へ出、寄せの正真中へは入不申《はいりもうさず》。此処随分寄せ際の窓よりためらう内、二つがい共快《こころよ》くつく。（「大梁公手記」『加賀藩史料』第八編所収）

午後三時頃、見張りの覗き小屋に行って見たところ、水鳥が泳ぎ回っている。「根笹の一二の辺」とはササの植込みをいくつか設けて、鳥に近づけるよう身を隠す場所がいくつか作ってあるのだろう。よし、というわけで網を持ち、水鳥に近づいて行った。たしかに二つがいいる。身を隠す「根笹の二」のところでうかがっていたが、「寄せ」の手前の方

で泳ぎまわっているばかりで、うまく網を打てる寄せのちょうど真中に入ってくれない。無理にでも網を投げてみようか、やめようかとためらっているとうまく二つがいとも真中に来てくれた。寄せのむこう側でさざ波が立っているのは、ちょうどいい位置に来ているということだ。

寄せの向うに小波瀾うつ。垣の内より左足をふみ出し、右の足をふみ出すと一時にあみを打出す。(同前)

身を隠していた垣の内からまず左足をふみ出し、そして右足をふみ出すと同時にそれっと網を投げた。

このあたりの描写はじつにこまかい。息をひそめ、抜き足さし足で水鳥の方に近づいてゆき、そして網を投げようか投げまいか迷っている治脩の心理がそのまま記されている。

このあとも、網にかかった水鳥の様子、そしてじつは一つがいはおとりで、これらはうまく逃げたことがこまかに記されている。このような投げ網猟は、羽を切ったおとりを池に放って泳がせておき、安心して飛来する野生の水鳥の方をつかまえる手法をとる。使った網は江戸で「八兵衛」なる者につくらせたもので、水鳥にじつにうまくからみ、また投げやすい網だと治脩は満足している。

獲物の二羽を「亭」へ持ち帰ったあと、また水鳥がやって来て、これもつかまえ、さらに猟をつづけた様子が、この手記にはつづられている。

このように、庭園は宴会ばかりか鳥猟のような藩主の楽しみにも使われる場だった。ここに記した宴会や猟は、兼六園の下部庭園である蓮池庭で行なわれた。池があり、いくつも亭を備えた庭園は、現在のように、ときにはれものにさわるように気をつかいながら、ただ観賞するような死んだ庭ではなかった。

「兼六」成る

さて、のちの竹沢の御庭、上部庭園がつくられる千歳台の方は、どうなっていたか。五代藩主綱紀が下部庭園、蓮池庭で茶事を行なっていたころ、ここは重臣たちの屋敷地であったことは記した。その後藩士の屋敷は収用され、藩主の仮の居住地となったり、一部はまた重臣の邸地となったりもしたようだ。だがとくに大がかりな造作は加えられず、放置されていた時期も長かった。寛政四年(一七九二)には、さきに鳥猟で顔を出した十一代治脩《はるなが》が、この地に文武二つの藩校を開校している。文学校は「明倫堂」、武学校は「経武館」の額を掲げていた。当然ここはまだ庭園ではない。

文政二年(一八一九)、十二代藩主斉広《なりなが》は文武の二校を、学校敷地の東側にあった重臣の奥村邸に移した。それからすぐのちに斉広は、自らの隠居所をこの千歳台の地に造営する計画にとりかかる。

千歳台と、蓮池の庭との間には、当時両者を区切るように道路が走っていた。斉広は、隠居所の庭園として蓮池庭をとり入れるため、翌文政三年道路を廃し、境界をつくってい た塀を取り除いた。どうやら千歳台の方に蓮池庭とは別の庭園をつくる意図はまだなかったとみてよい。隠居所となる建物は、広壮なもので千歳台の多くを占める殿舎というべきものである。これは竹沢屋敷や竹沢御殿と呼ばれたが、この殿舎が完成に近づいた文政五年(一八二二)にようやく兼六園の名が登場する。前に述べたように、斉広が白河藩主松平定信(楽翁)に依頼していた園名が、これを記した額とともに届いたのである。

したがって、この時存在した庭園は、蓮池庭だけである。千歳台の竹沢御殿の一部にでも庭園らしきものがあったかもしれないが、もしそうだとしても蓮池庭の規模と歴史にくらべればほとんどないに等しい庭園でしかなかったはずである。つまり松平定信に依頼し、名をつけてもらおうと斉広の頭にあった庭園は蓮池庭であった。兼六園の名は、当初下部庭園のみにつけられた名前だった。

瓢《ひさご》池を中心とし、茶亭が並び、そして水鳥もよく飛来するような樹林の多い庭園。その特徴をあらわそうとすれば「幽邃《ゆうすい》」の表現が似合う。「兼六」の六つ「宏大、幽邃、人力、蒼古、水泉、眺望」のうち、幽邃の他のあと二つ、「蒼古」や「水泉」は備えていたといえるが、他はふさわしくない。当初の兼六園は、松平定信の命名を裏切る、が言いすぎなら、その半分しか満たしていない「兼三園」だった。

一度も金沢を訪れたことがない松平定信に罪はない。いや定信は、名園のあるべき理想を命名の根拠にしているのだから、これはむしろのちの兼六園が向かうべき修景のあり方を指し示すものだったと好意的に見てもよい。そして確かに松平定信が指さした方向へ兼六園は進んだ。第十三代斉泰《なりやす》は、天保八年（一八三七）竹沢屋敷・御殿前の池を広げ、掘った土を盛りあげ山を築いた。さらにのちの嘉永四年（一八五一）竹沢屋敷・御殿はほとんど取払われ、現在の兼六園に近い、池や流れ、植栽を備えた大名庭園の姿ができあがった。松平定信の命名は、このときようやく応えられたのである。

3 岡山後楽園と水戸偕楽園

菜園として

日本三公園の名称を生みだす先頭に立ったと思われる岡山後楽園の源流をたどれば、「菜園場」と称した園圃に至る。そこに大がかりな造園工事を施し、庭園の形に整えたのは十七世紀の終り、藩主池田綱政《つなまさ》である。岡山城本丸の北の対岸であり、城の背後にあたるので、のち「御後園」（別に御茶屋、茶屋屋敷など）と呼ばれた。庭園が整えられたにもかかわらず、後園《こうえん》（「御後園」）の名はそのままで、明治四年になってはじめて後楽園の名称がつけられたのである。

後楽園のすぐ近くに生まれ育った詩人の山本遺太郎の思い出では、祖母はずっと「こうえん」「こうえん」と呼んでいたという（「こうえん、昔、むかし」『探訪日本の庭㈢山陽』小学館、一九七九）。山本は、子供の頃これを「公園」の意味だと思っていたという。この思い出話は、日本三公園の言いだしっぺが岡山後楽園であるとの見方を補強する材料にもなりそうだ。

御後園には、城の背後を固める防衛上の意味があったとする見方がある。これは否定するには及ばないが、たとえ軍事上の意味をもっていたとしても、その役割はどんどん薄れていったことが想像できる。

庭園にかかわる施設としては、岡山藩には「御花畠」があった。賢君として名が知られた池田光政《みつまさ》（一六〇九～八二）の前藩主池田忠雄《ただかつ》（一六〇二～三二）が設けたものである。「花畠」と名付けるからには、実用を旨とする菜園とはやはり異なり、観賞のための花卉《かき》類が育てられる園圃の性格をもっていたはずである。

当時の確かな史料はないようだが、のち江戸中期に岡山藩士が残した記録では、水を引いて亭舎が建てられ、奇石珍樹を集めた「得月台」と称する庭園があったという（湯浅常山『文会雑記』）。御花畠は、後楽園からみて城をはさんで反対側、南の方の旭川下流左岸、今の旭東町あたりにあった。池田光政は、ひきついだ御花畠に藩の学校「花畠教場」を建てた。だが遊園の性格を消しさり、学問の場に完全に転換させてしまったとみてしまうのは誤りだろう。

寛政《かんせい》十一年（一七九九）ころに編纂されたという『池田家履歴略記』によれば、光政は寛永十九年（一六四二）、将軍から下賜された鶴を、花畠で臣下とともにいただいている。鶴を料理（多くはあつもの、つまり汁物に）して食べたということだが「いただいている」とわかりにくい表現を使ったのは厳粛な儀式でもあり、一種の宴でもあるからだ。将軍が鷹狩で得た鶴を下賜されるのは大変な名誉であり、その相伴にあずかることは光栄なことだった。鶴の下賜は将軍と大名、そして大名と家臣をつなぐきずなと身分上下の確認の重要な儀礼だった。光政はこんな儀礼の場として花畠を用いているのだが、こうした行事が行なえることは、花畠に儀礼あるいは宴を催すことができる施設があったことを意味する。さきの『池田家履歴略記』によれば、奈良から来た役者による猿楽《さるがく》の鑑賞も行なわれた。

以上の記録は花畠の来歴とその利用の様子を記した次のようなくだりにあらわれる。

〔花畠には〕宮内殿〔池田忠雄〕の時土木あって得月楼とあり、遊息の別荘たり、烈公〔池田光政〕に到《いた》り今年〔寛永十九年＝一六四二〕将軍より賜いし鶴を花畠にてひらかれし事、花畠の見えし初成《はじめなる》べし、今年十一月十一日此花畠にて申楽《さるがく》あり、南都の役者来れり。（斎藤一興『池田家履歴略記』）

この記録でははっきりしないが、鶴をいただいた日と猿楽があった日は同じ日である。池田光政自身が書き記した日記には次のように記されている。

〔寛永十九年十一月〕十一日

一、花畠にて御鷹の鶴頂戴仕、老中・組頭・物頭不残《のこらず》頂戴させ申候《もうしそうろう》事、其日《そのひ》能申付事、（『池田光政日記』国書刊行会、一九八三）

ここでは「申楽」ではなく「能」と記されているが、同じ日であることがこの日記ではっきりする。将軍からの鶴をいただき、能を鑑賞する。儀礼的な色彩が濃いとはいえ、やはり宴につながる行事である。

御花畠の位置は、のち元禄・宝永期の頃を描いたとみられている「岡山絵図」には、下屋敷と記されている。光政時代に藩の学校とされたときも宴が可能であったように御後園が生まれた綱政の時代にもここは、庭園らしい施設であったとみてよい。

御花畠をすでに城下にもっていた池田綱政が、後楽園の造成を志したのは、自分の好みに従って、もっとはっきりした遊園的な性格の庭園を持とうとしたからではないか。

十三年間の造成

岡山後楽園は、多くの大名庭園とは異なって、その造成の時期が比較的はっきりしている。貞享《ていきょう》三年（一六八六）、綱政が発意して、翌四年末に着工、一応の完成をみたのが元禄十三年（一七〇〇）のことだった。現在の後楽園は、およそ四万坪（約十三万平方メートル）強あるが、この時できあがったのは二万七千坪あまり。まる十三年間を要した造園ではあるが、その工事は何期かに分かれる。日本庭園の造成は昔も今も通じることだが、きっちりした最終プランを立てて、それを工期で区切って造園してゆくのではなく、様子を見ながら全体のまとまりを仕上げてゆく。

貞享四年末に始められた造園工事では、比較的早い時期に、延養亭、栄唱亭、茂松《もしょう》庵、流店《りゅうてん》などの茶亭が建てられたようだ。このことは、他の大名の庭園と同じく、まずは茶事が行える場として造成されたことを物語る。また宝永《ほうえい》年間（一七〇四〜一一）に描かれたとみられる絵図では、現在の「花葉の池」の南側、城に面する部分は松や桜の樹林である。後楽園を特徴づける芝生の面はあまり広くない。今ほどは広々とした明るい庭ではなかったようだ。やはり茶事にかなった陰影のある庭園であり、綱政の当初の意図もそこにあったと想像できる。「沢の池」につながる瓢簞池もまだ見られず、築山、唯心《ゆいしん》山もない。唯心山のあたりは畑が広がっている。茶畑はほぼ現在と同じであり、農園の要素が当初から

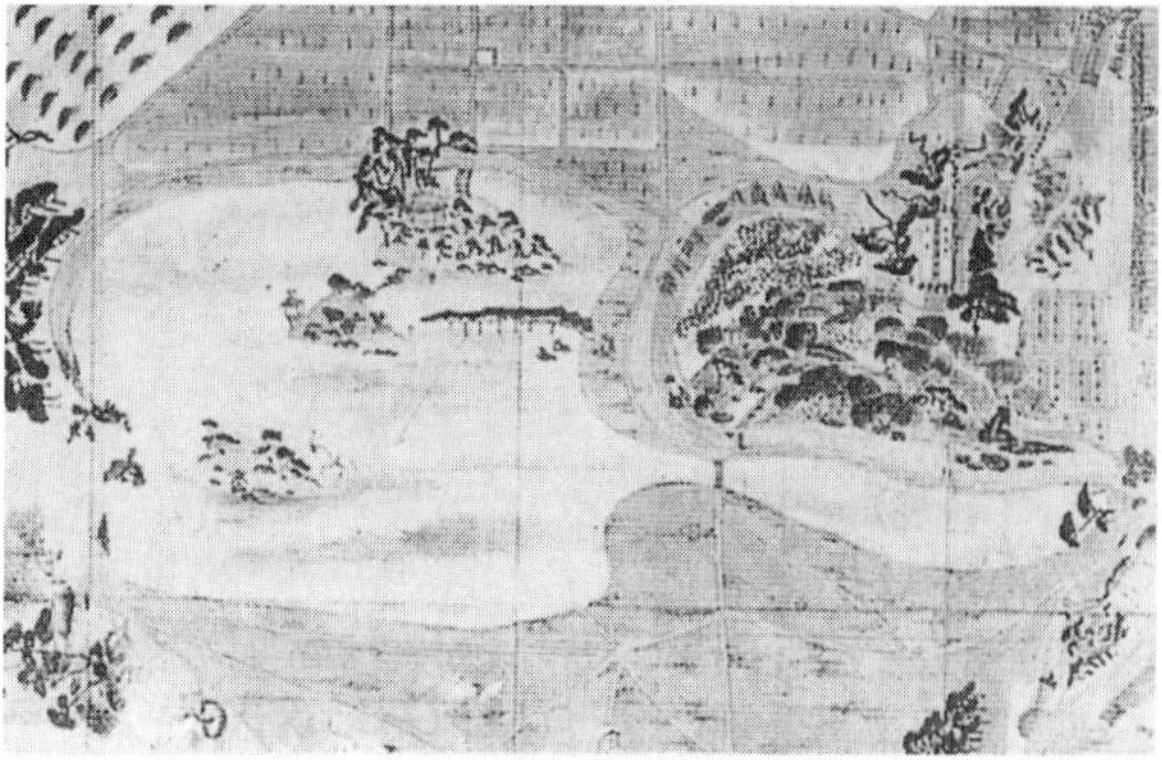

文久三年・御後園絵図（岡山大学附属図書館所蔵）

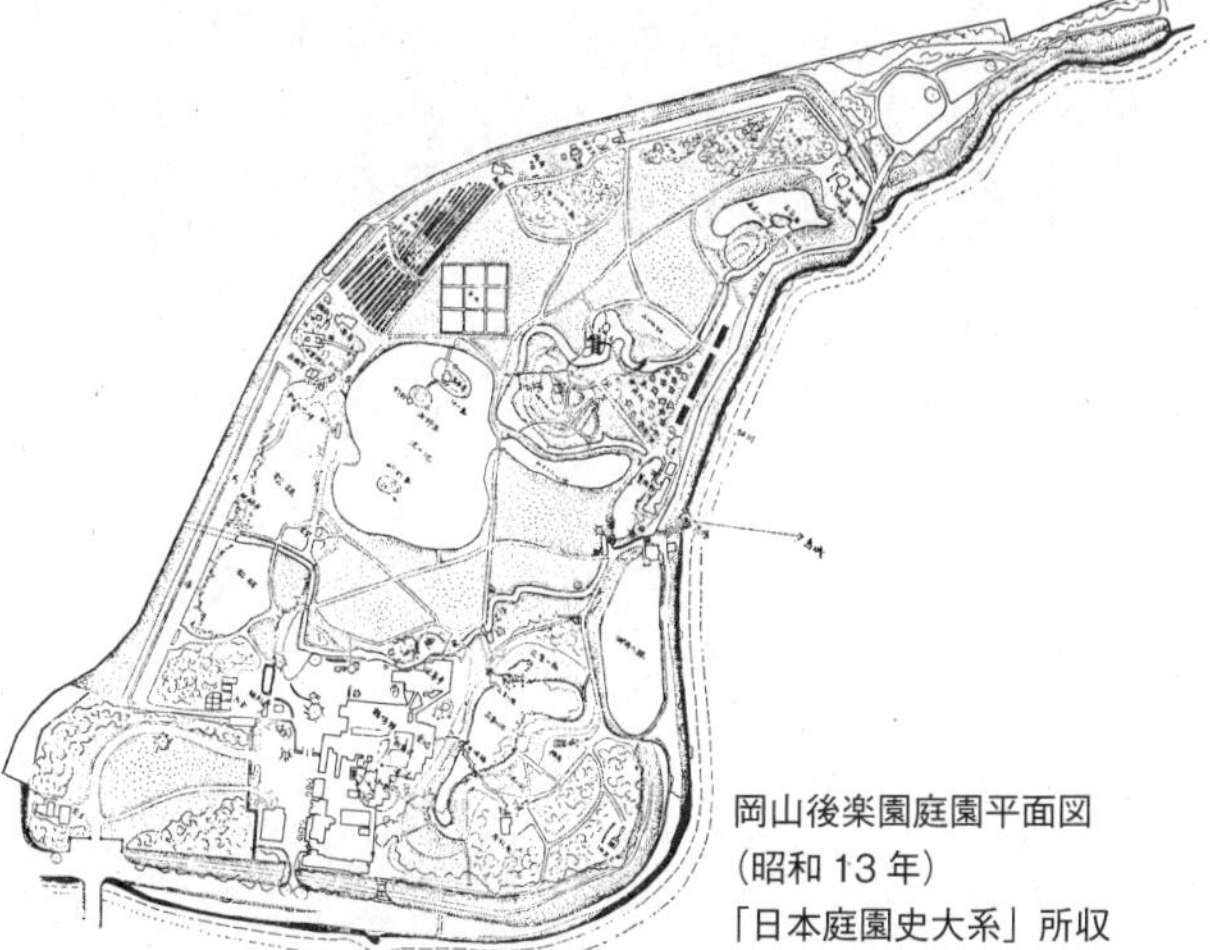

岡山後楽園庭園平面図
（昭和 13 年）
「日本庭園史大系」所収

備わっていた。これは後楽園の前身が菜園場であることによるとも考えられるが、また、当時の趣味が影響しているとも見れる。

もともと武士は在郷から出た層であり、支配階級となってからも農民、農事との関係を密にもつものだった。フランスのバロック庭園様式を生みだした王侯貴族の庭園文化が、絶頂期に至る頃から田園趣味をとりいれたのと似た気分もなくはなかったろう。しかし畑を設け、茶畑を園内にとりいれることは、出自を忘れぬこと、始祖の初心に帰れといった言説がことあるごとにあらわれる武家社会の精神を反映しているとみた方がよい。後楽園にはその後「井田《せいでん》」と呼ばれる区画が生まれた。田の見本園のようなもので、後楽園の原形である菜園をひきつぎ、また田園趣味をも含んでいるだろう。だが最も強く働いていた動機は、武家の出自に由来する心情だったと思われる。武家の庭園である大名庭園は、やはり西洋のバロック庭園とは異なり、当初から田園的な造形を内に抱えていたとみることができる。

後園の公開

幕末の文久《ぶんきゅう》三年（一八六三）に描かれた美しい彩色の「御後園絵図」がある。広大な芝生も現在と同じようにできており、唯心山、沢の池の中に浮かぶ中島、御野島、砂利島も描かれている。現在とほとんど変わらないように見えるが、やはり畑がずいぶん広い。

唯心山、沢の池の東側は畑が占めている。ひろびろした庭園の印象が強い後楽園だが、この頃の方がもっとその印象は強かっただろう。

景観からみれば、公園がここに誕生したとみてよい。もちろん後楽園は、のち明治四年（一八七一）になってようやく公開されるようになったものだ。上に立つ者は庶民より後れて楽しむ、との後楽園の名もそのとき生まれた。それ以前は、のびやかで誰をも受入れるような景観にもかかわらず、ほとんど秘園でありつづけた。明治四年の公開のときの布令に次のようなくだりがある。

御後園これよりのち後楽園とお唱え替え。四民ども職務家業の暇《いとま》に参観望み候《そうろう》向きは随意たるべき旨仰せ出だされ候こと。

士農工商、いずれも参観可能となったが、入口で「名札」を記すこと、氏名を記し印鑑を押すこと、そしてはき物の下駄はだめ、二十人以上のグループはだめ、衣服はぜいたくでないように、などこまかい注意が定められている。今の感覚から最も違和感があるのは、「四民ども」といいながら別々の入場日が決められ、男女も別だったことだ。一の日は士族、六の日は卒、三の日が農で八の日が工商となっている。たとえば三の日に入場できる農民の、男は十三日で女は三日と二十三日の二日。女の方が入れる日が多かった。公開されたといってもこんなありさまで、じっさい公開以前の御後園時代の後楽園は、武士でもとてもふつうでは見物できない秘園だったようだ。

梅林

公開という点では、やはり日本三公園に含まれただけあって水戸の偕楽園は、兼六園や岡山後楽園に先んじてはいる。だが大名の庭園としての出発はずいぶん遅い。

天保《てんぽう》四年(一八三三)九代藩主徳川斉昭《なりあき》が現在も園内にある移転前の神崎七面祠に梅を植栽したことに始まる。飢饉に備え、いざというときの兵糧にあてるためとの解説があるが、どれほどの切実さが伴っていたか。眉につばをつけたくなる疑わしさはこの種の逸話につねにつきまとう。梅林の造成は、危急の用に備えてではなく、殖産の意図があったとみることもできる。

偕楽園の地は、すぐ近くの広大な千波湖を俯瞰できる眺望のよい高台である。ともかくこの広やかな景観をもった梅林が、偕楽園の初期の姿だった。庭園の名に応えるような各種の造園技法は施されておらず、ただ多数の入場が可能な広々とした空間が整備されたというべきだろう。この点でも公園への道はもう当初からつけられていたといってもよい。

天保十年(一八三九)斉昭は自ら設立の趣旨を記した「偕楽園記」を書き、その碑を建てた。開設に先だってその意図を広く宣言し、目的に従って大名が庭園をつくるのは例外である。また十分に広く公開するのも藩主の茶事や宴遊のための秘園がふつうである大名庭園としては異例である。池も滝も流れもない、梅が中心の庭園で、ところによっては杉や竹などが植わっており、たしかに眺望は好いが、単なる梅園といってもおかしくないような庭園だった。

偕楽園の園名の由来は『孟子《もうし》』の「梁恵王上《りょうのけいおうじょう》」にある、「古之人与レ民偕楽、故能楽也」、昔の人は、民とともに楽しんだが故によく楽しむことができた、との言からとったという。したがって偕楽とは、造園の様式・形態ではなくその機能を定めて目標としたものだ。本当の意図はどうであれ、外向けの説明はそうなっている。兼六園のように、庭園の容姿を規定したものではない。偕楽という「意図」は、開明君主の意図といってもよいが、これは従来からの儒教的常識を下敷きにしているとみた方がよいだろう。すでに二代藩主光圀の時代十七世紀末に、水戸藩は江戸藩邸の庭園に後楽園と名づけていた。偕楽園の名は、その伝統の上に自然と生まれたものだ。西洋の啓蒙君主の思想に重ねあわせて考えることもできるが、十九世紀も半ばに近づいたこの時期では、とくに目新しい姿勢とは言えない。

開園へ

「偕楽園記」を書いた斉昭が手をつけた造園は天保十三年（一八四二）に茶亭、好文亭が竣工し、一応の完成をみた。そしてここに偕楽園が開園したのである。公園とはいえ、入場は士分に限られた。ただし神官、修験、僧侶は士分に準ずる扱いを受けたという。士分の入場も、月の三と八の日に限られ、男子は三日、八日、十三日、二十三日の四日間、女子は十三日、二十八日の二日間であった。このような規則は、のちの岡山後楽園の公開のときの参考となっているかもしれない。

偕楽園は、その造成が発案された時期からしても、もう大名庭園を秘園として大名の公的・私的な場につくりあげることが難しくなっていた時代の産物だろう。さらに藩主がほとんど江戸に常住していた水戸藩の特殊な事情もあり、また江戸末期の水戸藩の内部事情も関係するように思われる。この点の解明と偕楽園とを結びつける作業にはまだ手をつけていないので述べる力はない。ただ偕楽園を大名庭園と呼びうるか、様式においてもまたその機能においても、との問いには若干答えることができる。様式としては、回遊は可能としても中心となる大泉水がなく、渓谷や流れを備えた景観がないことを挙げるだけでも大名庭園とは呼びがたい。機能としては大名を中心とした茶事・宴会がどれほど可能であったかに注目する必要がある。だがこれも、斉昭がわずかに一回だけ藩内の老臣たちを招いて宴を催しただけにとどまる。

偕楽園は、大名庭園というより、次の時代の公園に近い様式と機能を備えた庭園だった。そんな性格が新しい開化の時代に注目を浴び、三公園に数えあげられることになったのだろう。

4　城下町の庭園群

栗林園

城下町の大名庭園として高松藩の栗林園や熊本藩の成趣園《じょうじゅ》（水前寺公園）、彦根藩の玄《げん》宮園《きゅうえん》などの名が思いうかぶ。いずれも大きな池を中心とし、その周囲をゆったりと回遊して歩ける造園様式となっている。規模こそかなり違うが、基本的な構造はほぼ同じである。現状をみるとこの三つの中では栗林園がずば抜けて広く、総面積は二十三万坪強（約七十六万平方メートル）、成趣園が一万八千坪（約六万平方メートル）、玄宮園が六千三百坪（約二万平方メートル）となる。

栗林園は背後の広大な山地部分を除き、ふつう観賞する地域はいわゆる内庭で五万坪弱（約十六万平方メートル）だが、それでも広大な大名庭園といってよい。しかもこの中に池が六つもある。最もよく知られた景観の部分、偃月橋《えんげつ》のかかる南湖のほか、北湖、西湖、涵池、芙蓉池、群鴨池《ぐんおうち》と、いずれも大面積の池である。大名庭園の大事な性格を主として回遊を楽しむところに置くとすれば、地方城下町の大名庭園としては、栗林園が第一にあ

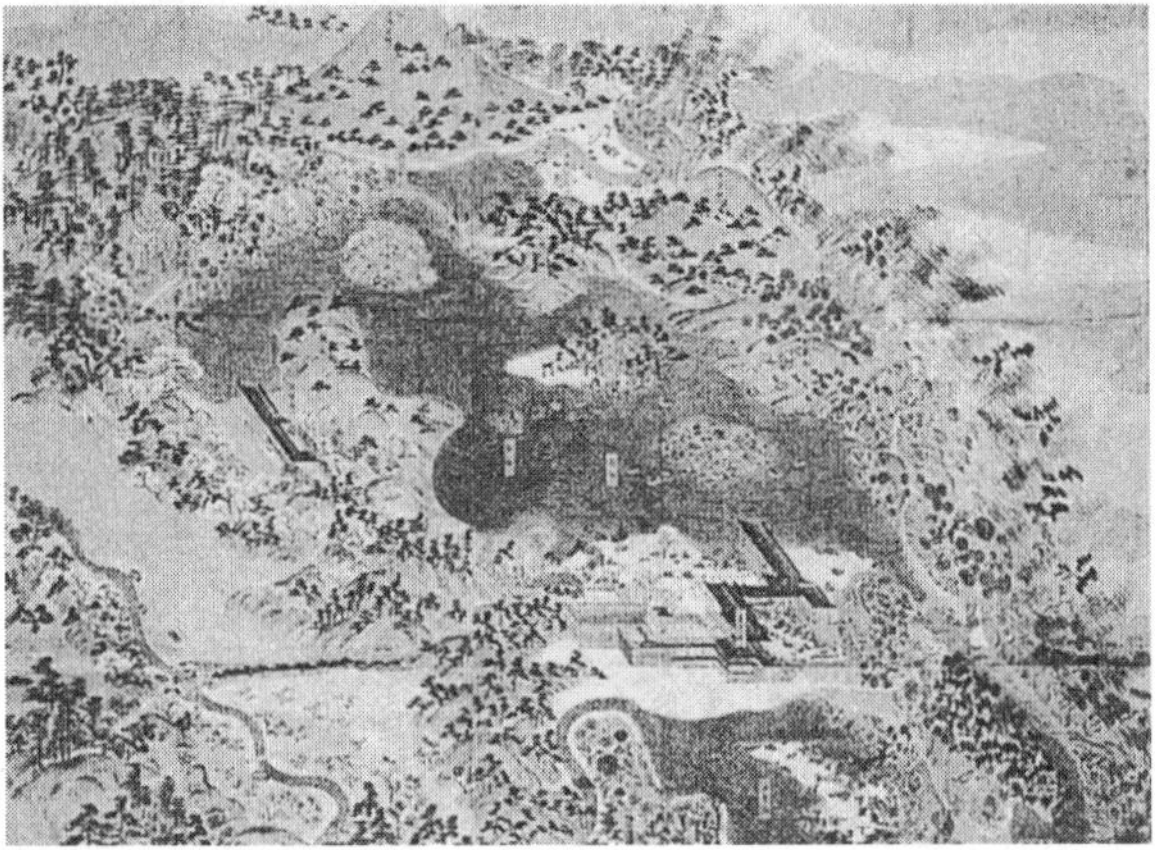

栗林図　（香川県教育委員会所蔵）

げられる。

栗林園の前身は、松平家が寛永十九年（一六四二）に入封する以前から存在した生駒氏の別邸である。現在の栗林園を考えるとき、その庭園の中心である南湖付近を整えたと思われる生駒氏時代の造園が発端となる。

栗林園の名が成立するのは、松平になってから第五代目の高松藩主、頼恭《よりたか》の時代である。頼恭は延享元年（一七四四）水戸本家から高松に入封し、塩田の開発や産業振興に尽くしたとの話が残されている。園の中心施設であった檜《ひのき》御殿の改修や掬月亭の修理のほか新たにいくつかの茶亭を設けた。こうして生まれたのが「栗林園六十景」で、延享三年頼恭が藩の儒者中村文輔に選定させ、『栗林荘記』としてまとめさせたものである。

頼恭はまた本草学への関心が深く、家臣たちとともに園内の林を探索したり、池や畑へ各種の植物を実験植栽するような人物だった。高松近郊志度の出身の平賀源内を登用したのも頼恭であり、寛延年間、園内にかなり大きな薬草園をつくり本草家、医家などに研究をさせた。栗林園は頼恭の時代、茶事や宴会はもとより、自然研究の場として、植物園、動物園のような機能も備えていた。

頼重の力

頼恭の時代に園内の景観整備が完成し、また栗林園の名も生まれたと見てよいが、すでに松平家の城主としては初代の頼重の時代に骨格はできていた。生駒氏がつくりあげていた別荘に檜御殿や観音堂を建て、茶亭である掬月亭をつくったのが、寛永十九年（一六四二）から延宝元年（一六七三）まで三十二年間藩主をつとめた頼重だった。このときすでにこの別荘建物群を「栗林荘」とも呼んだらしい。もちろんその後もこの別荘全体は「御林」と呼ぶのがふつうだったが、「栗林」の表現は早くからみられたわけだ。頼重は茶の趣味が深く、陶芸にも強い関心があった。京の陶工栗田口作兵衛を藩に呼びよせ、園内に窯《かま》を築いて焼物をつくらせた。作兵衛は高松に来てからは紀太理兵衛《きたりへえ》と名乗り、のち理平《りへい》焼《やき》と呼ばれる焼物をつくりだし、これがのち高松の特産品お庭焼となった。頼重は、その趣味からして、茶事ができる様式で庭園の築造を行ったと思われる。栗林園の核もやはり、他の大名庭園と同じく、まず茶事によってつくられたのである。

栗林園は高松城（玉藻城）の南方、二キロメートルほど離れた位置にあり、紫雲山の東の麓を占める別荘である。松平第三代頼豊《よりとよ》のようにほとんどここで政務をとった藩主もいた。このことはパリの宮殿ではなく、後年はほとんど郊外のヴェルサイユに住んだルイ十四世のことを思い出させる。郊外の別荘は庭園として整えられ、そこが君主の常住の場となる。政務の場ととらえるべきか、饗宴を含む社交の場ととらえるべきか難しいところだが、いずれにしても、庭園は、切りはなしがたく行なわれる饗宴と政治の中心地になる。ここにバロックの庭園と大名庭園の類似点がみられる。頼豊もまたいくつかの茶亭を建て、園全体の改修を行ったという。庭園は、その時の藩主の趣味や藩政のあり方に従って形を変えてゆく。

栗林園に関しては、第十代松平頼胤《よりたね》の事績とされるものが藩主の趣味を反映した大きな変動としてあげられる。頼胤は大へんな狩猟好きで、群鴨池のまわりに生えている栗の木を伐り払ってしまったという。栗林の名がありながら栗の木が見当らないのは、後世の記事では頼胤のせいだとされる。

この話は、小石川後楽園の石組に関する話を思い出させる。桂昌院の御成の際に歩行の邪魔になるというので、園路にある石を取り払い、景観が台無しになってしまったとの逸話である。どちらの話にもどこか無理があり、作為が感じられる。時代の趣味にあわせた造園が、それを好まない者によって誰かの責任とされる。そんな感じがする。悪政をきわだたせるために、庭園の変化までが動員されている気配だ。

もちろん栗の木がたしかに伐り払われることがあったかもしれない。しかし群鴨池といえば鴨猟ではないかと思われ、栗の樹林が本当に邪魔かどうか疑わしい。この逸話からは、大名庭園で鳥猟が行なわれることが多かったことだけは読みとってよいと思う。茶事や宴会、鳥猟が大名庭園を舞台に行なわれたことは確かだろう。

水前寺公園

熊本城下の大名庭園といえば、水前寺《すいぜんじ》公園の名で知られる成趣園《じょうじゅ》が思い浮かぶ。成趣園は熊本城から東南東に約三キロメートルほど離れた地にある。場所からしても藩主の別荘であることははっきりしている。しかし藩主の庭園としては、成趣園に先行して「御花畠」があった。現在は官庁や企業のビルが建つ熊本城のすぐ南、花畑町に名のみを残す、代々の熊本城主の居館である。熊本城を築いた加藤清正の時代にすでに「花畠」は存在した。

慶長十一年(一六〇六)のものと推定される文書、加藤清正黒印状写に次のような記述がある。

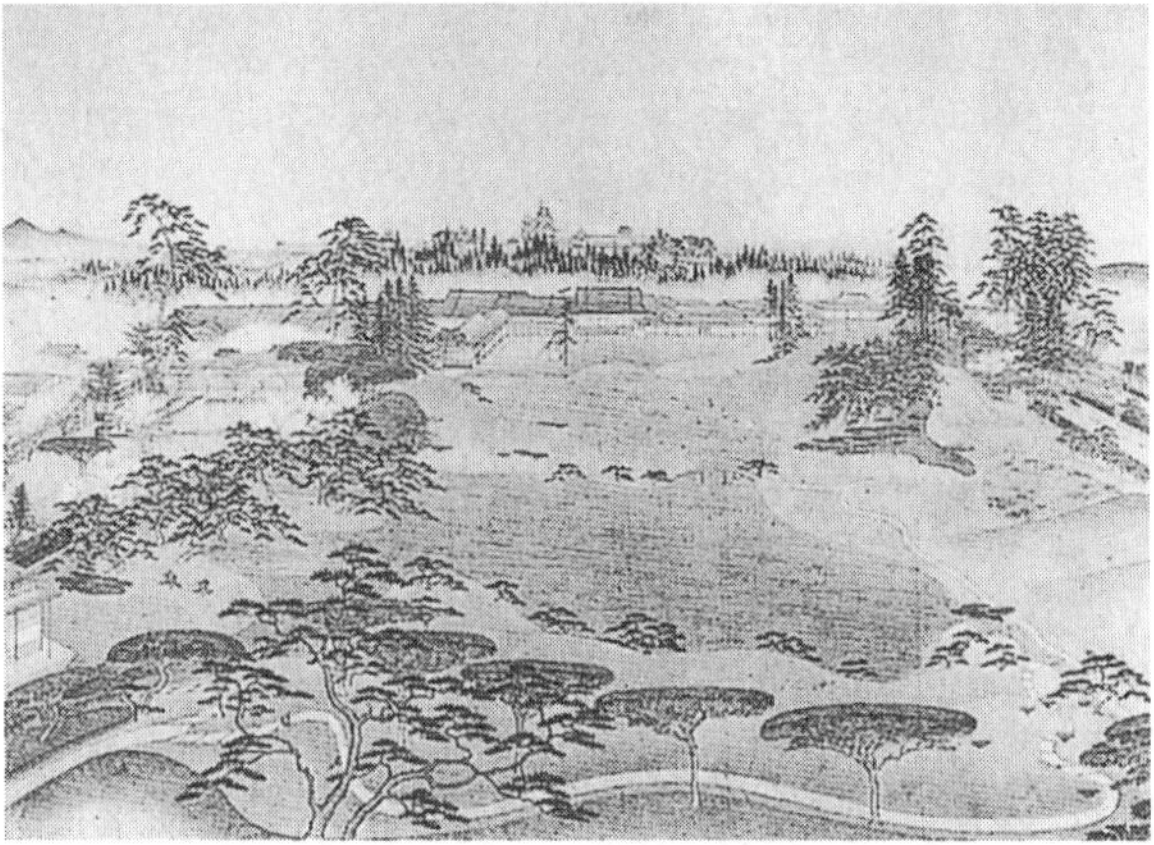

熊本城下「御花畠」 陽春庭中之図 （永青文庫所蔵）

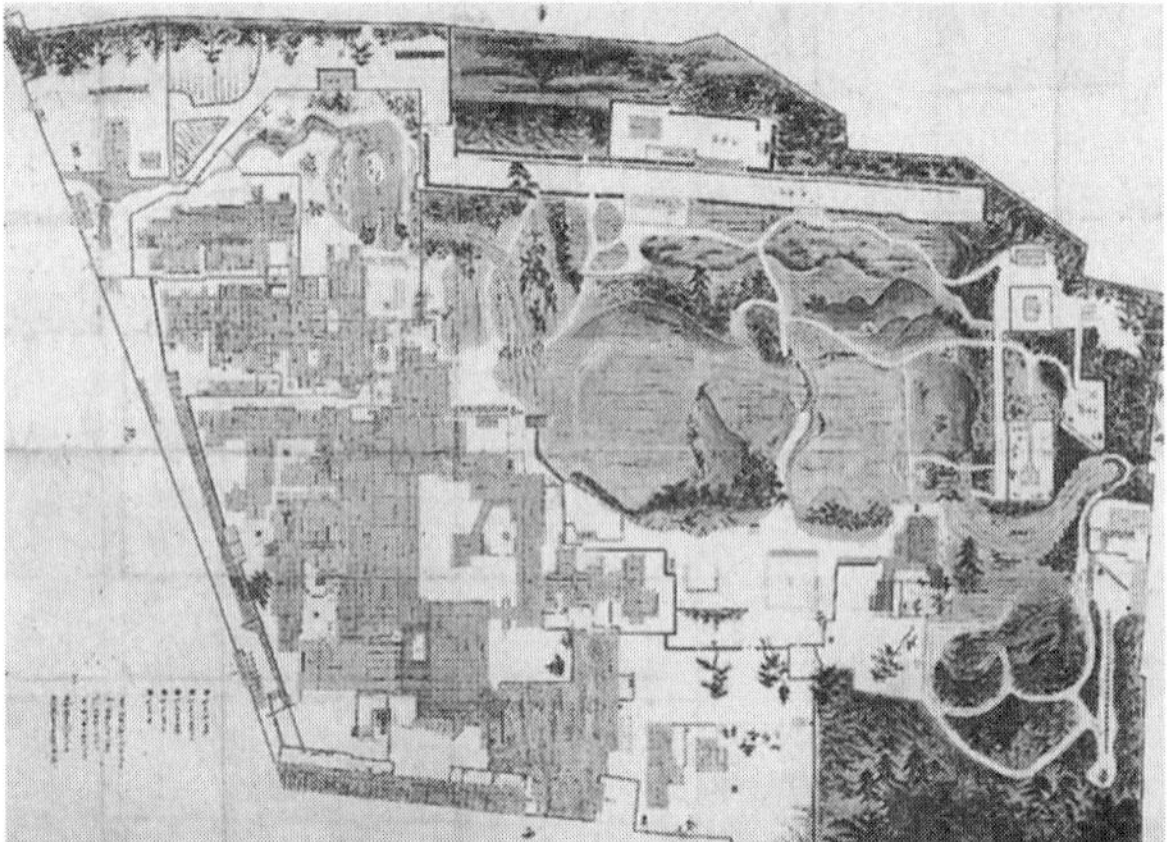

熊本城下「御花畠」 御花畑絵図 （永青文庫所蔵）

一、花畠作事、留守中番等無油断之由尤候。(「下川文書」)

花畠の造成については、自分の留守中にもしっかり掌握しておくように、と出るのが花畠の記録の最初である。その後加藤氏は移封され、寛永九年(一六三二)細川忠利《ただとし》が入城する。のち二百四十年近く続く細川家支配のはじまりである。忠利が城ではなく花畠を居館としたのは寛永十三年(一六三六)以降のことである。熊本城内が住みにくかったと理解されているが、やはり戦乱の時代が終り、城内に常住するような臨戦態勢の必要が薄れていたこともあるだろう。明治四年、廃藩置県によって細川家(護久)が明治政府に差し出すまで御花畠は続いた。

忠利は水をひいて泉水をつくり、築山を築いて小書院を建てたという。ここに立派な庭園があったことは、後の絵図等(「御花畑絵図」「陽春庭中之図」)でわかる。これらの後世の絵図・図面では、大きな池を中心とした回遊式の庭園が描かれているが、建物は表御殿、奥御殿、御裏御殿などと記されているから、気を許した茶事が行なえる遊興の庭というより、少くとも表向きは政事が行なわれる居館の付属庭園の性格があったと思われる。

一方、城のすぐ隣りにあった御花畠とは違い成趣園の方は、はっきり政事を離れて藩主が憩う庭園の性格を持っていただろう。栗林園と同じく城下郊外の別荘である。成趣園の地、水前寺は湧水が豊富なところだった。細川家としての初代城主忠利は茶の趣味が深かった。茶に欠かせない良水が湧くことも、別荘地選定の条件になったであろう。もっともここには水前寺という寺があった。寛永九年（一六三二）の細川家（忠利）肥後入城に従ってやってきた僧玄宅に忠利が与えた土地である。玄宅は豊前（大分県）の羅漢寺住職であったが肥後に来て水前寺の開山となった。

寛永十三年（一六三六）、忠利は別荘をつくろうとして水前寺を別の場所に移す。ちょうどこの年は、忠利が御花畠を居館とした時にあたる。城下で政事を行う邸宅と、休養を目的とした邸宅を計画的に定めたのである。忠利はここに茶亭を建てたため、水前寺御茶屋と呼ばれたという。またもや大名庭園のスタートに茶事が関係している。

細川綱利の造営

成趣園の成立は、その名についても、また庭園の完成度においても細川三代目の綱利《つなとし》のときである。慶安三年（一六五〇）藩主をついだ綱利が、大がかりな造園にとりかかったのは寛文十年（一六七〇）。治世をついでから二十年ものちとはずいぶん遅いように思われるが、じつは綱利が藩主になったのは、わずか七歳のときである。庭園づくりにも指示を出せるようになったのがこの年でもおかしくない。寛文十一年（一六七一）には、現在とほぼ変わりない庭園ができあがったという。これを陶淵明の詩からとった「成趣園」と命名し、成趣園十景を選んだ。十景には阿蘇の白煙も入っていて、借景の発想がこの庭園に盛り込まれていたことがうかがえる。大きな池を中心に茶亭が建つ成趣園は、やはり茶事を念頭に置いた庭園である。そこには深山幽谷の趣きをもった「幽邃《ゆうすい》」あるいは「蒼古」な景観はなかったと思われる。現在の庭園からうけるその広々とした景観は、寛文期にも同じように意図されたものだったろう。阿蘇の噴煙を十景の一つと数えあげるような発想がつくり出す庭園には、「幽邃」や「蒼古」ではなく「宏大」や「眺望」が求められたはずである。

熊本城下、天守閣を間近にあおぎみる庭園(御花畠)は、地理的にも政事を忘れた楽しみにひたるにはふさわしくない場所だった。そこで城から離れた、良質な水の出る地に本格的な庭園が設けられた。茶事や饗宴をするにふさわしい別荘の庭園、それが水前寺の成趣園だった。

玄宮園

彦根藩の庭園、楽々園《らくらくえん》・玄宮園は城のすぐ近く、というより城郭内部、天守閣から北北東の郭内(第二郭)に位置している。現在、下屋敷と表現されたりするが、内堀の外とはいえ郭内にある居館を下屋敷とするには違和感がある。別荘、下屋敷というには、栗林園や成趣園に比べてあまりに城に近い。藩主の庭園が城の直下にあるのはどうしてか。彦根

彦根城　表御殿御庭絵図（彦根城博物館所蔵）

藩主井伊《いい》家が、つねに幕政の中枢を占め、江戸住いが長かったこと、またためったにいない国元では、城下の政事を城中で執ったことなどが理由として考えられないだろうか。

庭園の位置からみれば、藩主の活動は城とそのすぐ近くで満たされていた。高松城や熊本城と比較すると彦根城には、城内に壮大な表御殿があり、ここが政事を行う居館になっていた。熊本藩でいえば城のすぐそばにあった「御花畠」の機能である。

彦根城表御殿には、坪庭などを含めていくつかの庭があり、その本庭は、流れや池、石組のある築山を備えた本格的なものである（「表御殿御庭絵図」）。このような庭があれば、茶事や儀礼にはことたりる。城内に、熊本藩でいえば「御花畠」にあたる庭園をもっていたことが、城から遠くない直下に、第二の、遊興のための庭園をもった別邸を生んだのではないか。

現在、楽々園と呼ばれる水のない平庭と、玄宮園と呼ばれる大きな池を中心とする回遊式の庭園が二つ並んで存在する。どちらも槻《けやき》御殿の庭として成立したものである。

ここが藩主の別邸となるのは、第四代藩主直興《なおおき》の時代である。藩主になった翌年、延宝《えんぽう》五年（一六七七）に直興は、城の北北東の地に別邸の建設をはじめた。造園も行なわれ、二年後の延宝七年、完成された。直興の時代元禄五年（一六九二）には観音堂が建てられたという。別邸として、表御殿とは異なり書院造りではない数寄屋建築が茶亭として建てられ、他の大名の庭園と同様の姿をもつようになっていったと想像することは可能だろう。この槻御殿はほとんど藩主隠居の住いとして用いられたから、隠居の趣味に合う庭園づくりがなされたことが想像できる。ただし、槻御殿の名称はずっと遅く、玄宮園の名がつけられるのも、さらに時代が下る。

十一代藩主直中《なおなか》が隠居の際に整備された直後、文化十年（一八一三）の庭園の様子を描いたじつに華麗な「玄宮園図」が残されている。これをみると、現状に近い庭園が出来あがっていたことがわかる。しかし、池にある中島には滝石組があって、豊富な水が流れ落ちており、また各所に花木が植えられて、現在よりずっと豪快で華やかな庭園だったように描かれている。もちろん絵図にいろどりを添える誇張が含まれていることは否定できないが、大名庭園のあるべき姿を描こうとしている絵図が、少なくとも現代の感覚よりずっと華麗な姿を理想にしていたことはわかる。

華やかな庭を目指して

日本庭園の解釈には従来、地味な雰囲気、渋みが付与されてきた。また、大名庭園にも華やかさは読みとられてこなかった。しかしこれまでの日本庭園・大名庭園イメージは実態とはずいぶんかけはなれたものだ。初期の大名庭園には、たしかに茶事を基本にした、深山幽谷の景を理想とするような造園が求められていたかもしれない。しかしその基調はどうであれ、茶事そのものが固苦しい儀礼ばかりでない数寄の茶事へと重点を移してゆく。それに従って庭園も、固苦しく地味な景観から、明るく華やかな雰囲気を基調とする景観へと移行してゆく。もともと饗宴の受け皿となりうる施設として庭園が求められ、それが大名庭園誕生につながっていった。各地の城下の庭園では、儀式ばったものからにぎやかなものまで各種の饗宴が行なわれていた記録が残っている。

元禄十年(一六九七)、名古屋城下での、羽目をはずした藩主の宴会を、御畳奉行朝日文左衛門が記録している。

閏二月三日　公御下屋敷にて年寄中大目付迄、御庭見物被仰出。駿河口之御茶屋にて蕎切被下。御酒に酔可申旨、酔候わば御庭より直に駕籠《かご》御免と云々。依之《これにより》何も大酒酔しふりにて、皆々駕籠にて皈《かえ》る。其内《そのうち》兼松修理は真の酔狂。駕籠より落て頭をすりむきけり。(「鸚鵡籠中記」(四)『名古屋叢書続篇』第十二巻、一九六九)

藩主の下屋敷で庭見物が許され、年寄たちや大目付たちが茶屋でそば切などをいただいて、しこたま酒を飲んだ。酔っ払ったからもう庭から直接カゴで帰ってよろしい、というので皆酔っ払ったふりをしてカゴで帰った。兼松修理大夫は本当に泥酔していたのでカゴから落ちて頭をすりむいた、という。

藩主と重臣たちが、儀礼やつきあいといった程度をはるかに越えて、好きなだけ酒を飲んで度をすぎた宴会を行っている。城下町の大名庭園はそんな舞台にもなっていたのである。

ちなみに名古屋城には城中の二の丸に立派な庭園があった。それは縮小されたり、別の目的に向けられたりすることはなかった。文政五年(一八二二)には大改修が行なわれ、花木が多数混じる華やかな植栽に、池や築山、茶室をめぐる回遊路を備えた派手な庭園に変身している。城中にこれほど大規模な庭園を設けそれも華麗に装飾した藩はなかった。江戸にも壮大な下屋敷の庭園、戸山荘をもっていた尾張藩ならではかもしれない。けれどもどの藩も江戸のほかに国元にも大なり小なり、各種の庭園を築造していた。

政事が行なわれるはずの城中にも遊事に向けうる庭園があり、遊事のための別邸であっても政事が行なわれた。政事も遊事も含み込んだ庭園が城下町の大名庭園だった。それは藩主の庭園であり、重臣など限られた臣下のみが政事・遊事にかかわることができる、閉ざされた秘園でもあった。

第四章　饗宴の庭　大名たちの社交

1　社交の場としての大名庭園

庭園を造ったわけ

大名屋敷になぜ庭園がつくられたのか。大名庭園はどうしてできあがったのか。なぜつくられたか、どうしてできあがっていったのかの解明は、当然どう使おうとしたのか、どのように使われたか、という考察をみちびきだすだろう。さらにそれは、使い方や必要な機能を満たすために、どのような設計がなされたか、どのような施設がつくられ、どのような意匠が施されたのか、という問いへもつながってゆくはずである。大名たちはなぜ庭園を設けたのか。なぜ大規模な庭園が大名屋敷に必要だったのだろうか。

まず、大名自身が自らの慰楽のため、心なごむ空間を求めたことが考えられる。たしかに庭は、目を楽しませ、疲れた心をいやす空間である。大名がそんな慰楽の場を求めたことは当然だと思える。たとえば家督をゆずりわたして引退、隠居生活に入ったのを機に庭づくりに精出した大名の例もある。けれども、大名庭園は、たんに大名自身が自らを慰めるためだけにつくりあげた庭園ではなかった。大名の身分・職分・地位を維持してゆくためにも必要な装置としてつくりあげたものでもあった。少し固い表現をするなら、私的な慰楽空間だけを目的にしたのではなく、公的な儀礼空間としてもつくられた装置だった。

公的な儀礼空間とは、社交のための空間という意味を含んでいる。大名庭園は、対将軍家ならびにほかの大名家との「儀礼」と「交際」のための、そしてまた藩主の家臣たちに対する饗応のための場として必要とされたのである。

史臣を慰める宴

ある日の小石川後楽園では、観梅の宴が催された。


正月後楽園の梅花盛に開く。史臣を尚古閣に召て宴を賜う。公〔水戸藩主徳川治紀《はるのり》〕自ら盃酒を酌て賜い、又梅花一枝を盤中に挿み、和歌一首を咏じて掛たまう。

一枝を手折《たお》る袂《たもと》に吹入れて、梅が香匂う春の夕風（『水戸紀年』）

梅が咲きそろう頃、近習の配下を宴会に招き、藩主自ら酒をついで回る。そんな場として庭園が使われている。この時招いたのは「史臣」というから、水戸藩が光圀の時代に、『大日本史』の編纂のために設けた史局に勤務する家臣を指しているのだろう。これは文化六年（一八〇九）の早春の頃のことだった。

『大日本史』の編纂員を招く宴といえば、すでに後楽園の命名があった光圀の時代に、このような饗応が行なわれていた。

月夜には史館の儒士をめさせられ、御酒宴有て、詩歌の御遊び有し所なり。橋上より見わたしたる勝景、言語の及ぶ所にあらず。(『後楽園紀事』)

後楽園の中央にある大池、「大泉水」には、「長橋」がかかっていた。その中ほどに広く舞台のように突き出した部分がある。「駒よけ」といって、馬がすれちがうときの退避所という意味である。しかし馬の通行が頻繁にあるわけではなく、むしろ庭園の景観を眺めるための眺望の舞台というべき装置だったろう。

『大日本史』の編纂員たちを招いて酒宴を開けるのだから、かなりの広さがあったはずである。「月夜には」と記されているところから、こういう酒宴は一度や二度でなく、かなりの頻度で行なわれていたと想像できる。漢文体で記される堅苦しい『大日本史』編纂の緊張を強いる仕事が、気晴らしの酒宴で支えられていたとみると、庭園の役割もなかなかのものだと思えてくる。

将軍の御成や他の藩の藩主、藩士とのつきあいの社交ではなく、光圀自身が力を込めている事業に従事する者との酒宴である。会社の部局の宴会とでもみれるような集りだったと思ってよい。とりたてて記録されないが、こんな宴会以外にもにぎやかで楽しい内輪の宴会はずいぶん行なわれたことだろう。

他方堅苦しい社交の筆頭が御成である。しかしその中にも信頼し、気を許すことができる配下の屋敷への訪問もあった。たとえば将軍が狩りの途中に立ち寄るような形式の御成である。

家斉の御成

寛政九年（一七九七）の春、十一代将軍家斉《いえなり》が「高田」へ狩りに出てその途中、尾張藩の下屋敷戸山荘を訪れている。正式な御成ではないが、こんな形式での将軍の訪問があり、大名庭園も略式訪問の将軍を迎えるため、平常とは異なる趣向が施された。この時は、にぎやかで盛大なもてなしを避け、あたかも日常の村里に将軍が足を踏み入れたかのような雰囲気づくりが整えられていた。あたかも村里であるかのように見えるその全体がじつは庭園である。

将軍が足を踏み入れる前に少しこの庭園についてふれておこう。現在の東京・戸山公園を含む一帯、すなわちＪＲの高田馬場駅から新大久保駅にかけての東部一帯が、尾張徳川家の下屋敷であった。戸山御屋敷、戸山荘などと呼ばれ、邸宅を含めて全体の面積は最大規模で十三万坪強、およそ四十四万平方メートルにものぼる広大な庭園、日本史上最大の庭園だったのである。

六義園の敷地は柳沢吉保が日の出の勢いだった元禄八年(一六九五)に、外様大名であった加賀前田藩の駒込下屋敷に属する土地の大部分を綱吉から拝領したものである。その時の面積は、およそ四万五千坪、十五万平方メートル、寛永六年(一六二九)、水戸徳川家の初代藩主頼房が秀忠から拝領した小石川の後楽園の敷地が七万六千坪強で、およそ二十五万平方メートルである。綱吉の代にさらに一万一千坪を添地として加賜されて約八万七千坪、二十九万平方メートルになったが、それでも戸山荘の四十四万平方メートルには及ばない。いかに戸山荘が巨大な日本庭園だったかがわかる。

巨大な戸山荘庭園の歴史は尾張名古屋の城主だった徳川光友《みつとも》が、「和田戸山」と称した地に寛文十一年(一六七一)、八万五千十八坪の土地を将軍家から下賜されたことに始まる。それ以前、将軍家から許されて自ら購入できる抱《かかえ》屋敷地として四万六千二百二十坪半を隣接する地に確保していた。そこで総計は十三万一千坪余り。そして屋敷地下賜後さらに周辺地をいくつか購入していったのである。たとえば延宝三年(一六七五)「宮地」七反余り、「畑地」一反八町余りを代金百両で買いあげ、同五年には「百姓屋敷」を三畝余り、同七年には「百姓地」三反三畝余りを買いあげ、という具合に敷地は増えていった。

将軍家から八万坪余りを下賜された寛文十一年、庭園築造が本格的に始まったとするのが『純堂叢稿』であるが『尾張藩邸記』には、すでに寛文八年(一六六八)に「両面御茶屋」と呼ぶものがあったとの記述がある。したがって、将軍から土地を下賜される以前に持っていた抱え屋敷地に、茶庭かもしくは庭園の中の茶屋の備えはあったと考えてよい。後世の天和元年～貞享元年（一六八一～八四）に出た『紫の一本』にも「両臨堂　以前は両面之御茶屋と唱申候」と出ている。御茶屋がやはり屋敷のうちでも早い時期に意図して設けられた装置だったのだろう。すでに何度もふれたが江戸初期の庭の装置は京都の公家たちのあいだでも、江戸住まいの大名のあいだでも、また各大名の領国においても茶事を行えるようなものとしてまず成立していった。

茶に加えて、たとえば戸山荘では、「道灌松」と呼ばれる太田《おおた》道灌《どうかん》ゆかりの松の枯木や、この地戸山村の鎮守である「和田戸大明神」という氏神の社など、庭園地囲い込み以前から存在する「旧跡」もあった。そのほか、貞享四年（一六八七）にできた望野亭という建物があった。これは「御庭舞台」とも呼ばれた能舞台である。他の大名庭園と同様に茶事のほか、能を楽しむ装置として庭園をしつらえていたことがわかる。

宝暦年間（一七五一～六四）に描かれたと思われる「戸山御屋敷絵図」を見ると園の周囲には土塁がめぐらされ、その外側には空堀が取り巻いている。中央部には二つの大きな池がある。一つは「御泉水」、もう一つは「上の御泉水」と呼ばれていたようである。園内各所の丘や渓流などに「玉円峯《ぎょくえんぽう》」「小庭山」「修仙谷《しゅうせんこく》」「濯纓川《たくおうせん》」などの名がつけられ、「人麿堂」「大日堂」「虚空蔵堂」などのほか「五重塔」も建てられた。スケールの大きな景観上の構成要素としては、桜の林、弁財天を祀った池中の弁天島、馬場、花壇、芝山、

戸山荘　史上最大の大名庭園（三井文庫）

畑があった。「馬場」は二ヵ所、畑や花壇は各所にあり、下臣が住む町屋も建ち並んでいる。全体として単なる日本庭園ではなく、大きな村里もしくは集落がつくりあげられていたと見てよい。さて、将軍御成の情景に戻ろう。

将軍が丘の小道をたどるように園路を歩んでゆくと、のんびりとした商いの店がいくつか並ぶ「村」に出る。屋敷地に将軍が足を踏み入れる状況は、狩場で鷹狩りを行っているうち、自然に敷地・庭園の内に入り込んでいる、といった体裁をとる。

……御かり場にいで給う。しげき草のかげなどに雲雀《ひばり》の声きこゆ。鷹ひきすえてあわせ給えば落《おつ》。草にかくれて見えずなりぬ。

はし鷹の　鳥のおち草しげりあいて　しるしのすずの　音のみぞする

などいいもて、やがてかの名だたる園に入《いれ》ば、大原となづけられたる所に出《いず》。（「尾侯戸山荘記」）

将軍は戸山荘近くの鷹場（狩場）で、狩りを行っていた。鷹を放つと鷹にとらえられた獲物が茂みの中に落ちた。丈高く生い茂った草むらに隠れてしまったので、歌など口ずさみつつ獲物を求めて歩んでいるうちに名高い庭のうちに入った。とそんな風に記されている。

その後につづく記述は、ほとんど園中の「名所」の景況を記した案内記風のものとなっている。しかしところどころに顔を出す、遊興の記述から、将軍および従者たちの宴遊のありさまがもれ出るように見てとれる。

宴のさま

紅の毛せんが敷かれた小亭があって、そこで休み、見晴らしのよい別の亭では眺望を楽しむ。そして小田原の宿を模したといわれる「御町屋」ではあちらの店、こちらの店と模擬店をのぞいて回ったのち、宿屋に擬せられている「古駅楼」に上がって食事をいただいている。「楼にて御《お》ものまいらせ給《たま》い、御側《おそば》ちかき人々にも蓮飯ようのものたまわる」（同前）。将軍も食事をとり、側近の連中にも、饗応の軽食として用いられる蓮の葉にもち米をくるんで蒸したものと思われる「蓮飯よう《（様）》のもの」がふるまわれている。その後も「さくらの茶屋」なる所で休憩し、五重塔、稲荷社、等々いくつもの「名所」をめぐってほぼ園内を一巡し、はじめに覗いた「望野亭」と称する茶屋に戻った。

　ここにておおみき《（御酒）》などまいり、御供の人々にもたまわる。かみしも《（上下）》もよよと酔たり。なおさかずきをめぐらすほど、興たけなわなり。（同前）

将軍以下、お供の者たちにも存分に酒がふるまわれ、上も下もみなしこたま飲んで酔っ払ったという。この部分はことこまかに記されてはいないが、盃が何度も回され、にぎやかな大宴会となった様子が想像できる。

　夫《それ》より西南の車力門といえるうちにて御こしに召《めさ》れてかえらせ給う。おのれはここにて御いとまたまわり家路にかえる。（同前）

　将軍は車力門から輿《こし》に乗って江戸城へとお帰りになったが、この筆者はそこで別れ、家に帰ったという。たいへん気楽な御成のようだ。尾張藩ではずいぶん準備を重ねて、失敗のないよう周到な手配をしていたはずである。けれども「御成」とはいえこの訪問は全体として、かなりくだけた形式で行なわれたことがうかがえる。

最初の訪問

じつは将軍家斉は、これより四年前の寛政五年（一七九三）にすでに最初の戸山荘訪問を果たしていた。この時も、しかし鷹狩りの途中、たまたま立寄ったとの形式をとっている。

高田のほとり御放鷹《ほうよう》あり、雉子《きじ》を捉得らる。尾の戸山邸へ立寄られて還御なる。（「文恭院殿御実紀」）

幕府の記録として後世に残す上では、あくまで「立寄」っただけである。さきに挙げた寛政九年の御成も「御通りぬけ」と称されていた。手みやげのヒバリ十羽などをたずさえて堅苦しくない訪問といった雰囲気だ。

高田の辺、成らせらる。尾邸の戸山御通ぬけ、御場先より雲雀十、鉢植蘇鉄石台松をかの邸へつかわさる。御拳《こぶし》は雲雀なり。（同前）

となっており、御成ではあるが、戸山荘は「御通ぬけ」と表現されている。あくまで略式の訪問である。御成にかこつけて、好みの屋敷の庭園を訪れる。あるいは御成そのものが政治的儀礼の性格を弱めて、むしろ社交の手段、主従の交わりを密にする、形式面ではない実質的な楽しみの行事になっていると考えられる。

園癖将軍

もっとも十一代将軍家斉は、庭園好きだったという説があり、御成というより臣下の庭園見物や、そこでの遊興を好んだとの解釈もありうる。庭園史家の針ヶ谷鐘吉が「戸山荘の面影」(『庭園襍記』西ヶ原刊行会、一九一五)の中で使った「園癖将軍」という命名があり、これを踏襲した小寺武久も家斉が庭園好みとの解釈を肯定している(『尾張藩下屋敷の謎』)。たしかに家斉はみずからが指揮して、江戸城内の小座敷の庭をつくったことがある。

或《ある》とし政事のいとま、近習の者して御小座敷の庭に仮山を作らしめ、盆池を設け魚を放ち、草木をも心有《ある》さまに植なし給い……。(「文恭院殿御実紀付録巻一」、『続徳川実紀』第二篇)

庭に築山を作り、池を掘って魚を放し、植栽も整えた。そして側用人の松平伊豆守信明に見せたところ、たしかに出来はよろしいがこんな矮小な築山や池で満足するような狭い心では困る。

天下国家を治め給う御身にては、海内の山岳滄海みな御庭もおなじことなり。（同前）

と諌《いさ》められたという。将軍にとっては国内の山も海もみな自分の庭と同じでありましょう。しかもこんな小事に側近の者たちの労力を割いてよいものかどうか考えるべきではありませぬか、というわけだ。周囲はこの直言に、はらはらし「手に汗をにぎる心ちせしに」とあるが、将軍は顔色を変えず、信明を「遠大の器」と思ったか、のちには重用したという。

この記事は、同じく側近の新見伊賀守正路なるものが記した「新見正路記」から取られたもので、将軍と側近のあいだにおこる出来事を劇的に描きすぎの感が否めない。松平信明は、このとき年齢が弱冠二十四歳だったと記されている。信明の生年には二説があって、つじつまの合う方（宝暦十三年〈一七六三〉生れ）を採用したとしても、信明二十四歳の年は満で数えても天明七年（一七八七）で、家斉が将軍職をついだその年にあたる。将軍になってすぐ、住いの庭を造成もしくは改造したと考えるのは筋が通る。ところがこのとき家斉は十四歳である。十四歳の少年（と現代の私は思ってしまう）が築山をつくり池を掘り、庭を整える趣味をもっていたとは素直に納得しがたい。もちろんそんな少年がいないと断言はできないが、この逸話は、信明が年若い将軍の振舞いを諫めたことに力点があると読むのが妥当だろう。けれどもその「苦言」を少年が顔色を変えずに聞いていて、しかも直言の主をのちに重用するというのは話が出来すぎの感もある。この点はしかしここでは重要なことではなく、「園癖」の根拠に、この逸話が通用するかどうかである。

博物学好きの将軍

たしかに家斉は庭園と縁遠くない将軍といってよい。けれどもそれは造園というよりは園芸、つまり植物好きであり、また鳥好きでもあった。松平定信邸を林大学頭が訪れたとき、三十種ほどの菊を見せられた。それは江戸城内苑で育てられている菊の種類で、将軍家斉からいただいたものだという。しかも他にほしい植物があれば苗を分けてやると言われたと話をしている。その他の幕閣に菊の苗を下賜した話もあり、牡丹を好んで育てていたとの逸話も残されている。

また家斉は鳥が好きで、小鳥・水鳥を各種飼育していた。なかでも珍しかったのは全身白毛のオシドリで、これは吉宗が将軍の享保の頃につくりだされた鳥だという。この白オシドリを繁殖させて江戸城の各所の庭園で飼育していた。珍しい植物や鳥を育てる趣味は、むしろ博物学的な興味の系列に入るものかもしれない。ただし植物に関しても庭の手入れとのかかわりで出る逸話もある。

江戸城内の蘭花亭という庭に大きな唐楓《とうかえで》の木があった。夏は葉が盛大に茂り、日が射さず、冬には落葉がおびただしくて庭番の者が手を焼いていた。剪定《せんてい》すればよいのだが、吉宗のお手植だということで全く手が下せずそのままに置いている。ある時家斉が、あまりにも枝葉が茂りすぎているので剪定せよと命じたところ、この旨を伝えられた御庭番はどう処置すべきか判断に迷い、きわまって、この木の来歴ゆえに手が下せないと側近に訴えた。この旨を側近が将軍家斉に伝えたところ、枝葉が繁茂するままにしておけば風も通らず虫もつく、木のためによろしくない。たしかに由緒ある樹木であることは承知である。であればこそ害を受けぬように養うべきなのであり、自分がそんな趣意を説いて指示を出さなかったのが悪かった。今後も気が付けば気遅れせず申し述べてくれと言ったという。

庭園の機能を愛す

例によって将軍の深い配慮をほめたたえる逸話仕立てではあるが、とにかく庭園のこと、植木のことを気にかける将軍であった例の一つにはなりうる。たしかに家斉は植物好き、鳥好きであり、そのこととかかわって庭園についても関心の深い人物だったとはいえよう。しかしそれを園癖と名付けたとしても、庭園づくり、すなわち造園趣味があるとか、現代的感覚でいう庭園観賞がことのほか好きだという性向ではないようだ。むしろ家斉は、庭園の機能を愛したとみたほうがよい。植物を育て、珍しい鳥を飼育できる装置としての庭園を好んだのである。もっといえば庭園を利用すること、庭園での楽しみを好んだ。家斉の事績には庭園を用いた宴会、園遊会の記事が多くあらわれる。

すべて宗室貴戚の方々御親《したし》みの厚き事は、皆人感じ奉るまでなり。春秋花紅葉の折々は、必らず三卿を招迎したまい、宴をもうけ歓《かん》を尽《つく》したまう。わきて秋は五十三間といえる(う処)に菊花多く作らしめられ、花盛の頃御招きあること、年としてかわることとなし。
(「文恭院殿御実紀付録巻三」)

家斉は徳川の宗家・親類とのつきあいには、ずいぶん気をつかっており、春の花、秋の紅葉の折には、かならず田安、一橋、清水の御三卿を招いて盛大な宴会を催していた。とくに秋には育てている菊の盛りの頃に毎年招宴を張っていたという。

ここに記されているのは、徳川の親類づきあいといった感じの宴会であるが、近習の者、配下を招いての宴もよく行われた。

雪月花の折々、又五節などには御宴を開かれ、近習の人々召《めし》つどえて、折ふしの興を催し給う。素《もと》より三木《みき》〔=御酒《みき》〕嗜《たしな》む者には、満酌たまわるも常の事なり。たしなまざ

るものには佳肴《かこう》のみ賜りて、三木を強させ給うことは更になかりき。（同前）

四季折々、あるいは五節句（人日《じんじつ》＝正月七日、上巳《じょうし》＝三月三日、端午《たんご》＝五月五日、七夕《たなばた》＝七月七日、重陽《ちょうよう》＝九月九日）には身近な家臣を招いて宴会を開いていたという。酒好きにはたっぷり酒がふるまわれ、酒が飲めない者には御馳走が出された。下戸に酒を強要するようなことはまったくなく、飲みたい者には存分に飲ませた。この筆者は、世の常として、下戸に酒を無理強いすることがあるが、

仮初《かりそめ》にも下の者のなやみいためることは、深くいとわせ給えり。（同前）

と、またまた将軍の深い配慮を称揚する体裁をとっている。ともかく家斉は、宴会好きで江戸城内の庭園も園遊の場として活用したし、また大名家の庭園にもよく出かけて楽しむ、むしろ「宴癖将軍」だったといった方が当たっているだろう。

遊山の癖

「宴癖」が、家斉の性向をぴたりと言い当てていないとすれば「遊山癖」という表現も考えられる。というのは、庶民の遊観地で、花見の名所だった飛鳥山や隅田川にも好んで出

かけた様子がうかがえるからだ。「遊山癖」に関する逸話は、しかし少々ひねりの利いた筋立てになっている。ある時、側近筋が会話を交わしつつ次のようなことを申し上げた。

王子筋へ年毎成らせ給えども、いつも首夏《しゅか》のころなれば、飛鳥山の花も青葉のみなり。花盛のころ渡らせ給わば、一入《ひとしお》御興も有《ある》べし。(同前)

王子・飛鳥山方面に毎年御成をされますが、いつも首夏(初夏)の頃で花が散って若葉になっています、桜が満開のときにお出になれば、楽しみも一層増すかと存じます。この問いかけに家斉は次のように応じた。

吾《われ》も左《さ》おもえり。しかはあれど、かの山の桜は、享保に植させられ、花の所となりしよりこのかた、春は諸人つどいて、花を翫《もてあそ》ぶ事と聞しめし及ばせ給えり。しかるに成らせらるると仰出されなば、二三日前より人の往来を禁ずべし。其内《そのうち》に風雨などあらんには花は散過《ちりすぎ》ぬべし。御一人の御 慰《なぐさめ》に、衆人春遊のさまたげたらんこといかがかと思召《おぼしめす》ゆえ花のころは成《なら》せ給わず。こは飛鳥山のみならず隅田川もまたしかり……。(同前)

なるほどお前の言うとおり、私もそう思う。しかし将軍吉宗の代に植えられて以来、飛鳥山は花の名所となって庶民の楽しむところと聞いている。もし将軍の御成となれば二、三日前から庶民の利用は禁止され、そのうち風雨の日があっては花も散ってしまうだろう。庶民の楽しみのさまたげとならないよう花盛りの時は避けているのだ。隅田川へ出かけるときも同じである……。

この将軍の言葉に、皆恐縮してしまったという。これには、その後、桜の木には枯れているものもあろうから、補植するなどよく心を配って長く花の名所が衰えないようにせよと、命じられたとの後日談もついている。

ずいぶんよく出来た話だという気がするが、家斉が「遊山」に関心が深かったことはうかがえる。そしてこうした逸話が生まれる背景を考えてみると、家斉が名君であったこと、あるいは名君であってほしいとの期待があったことが想像できる。強烈な武断的個性をもった権力者という君主像ではなく、開明的・合理的思想を備えた思慮深い君主像を名君の理想とする考えかたが存在していた。人間的・自然的な理性を備えていることを評価の軸に据える姿勢を、西洋の事例と比較するなら啓蒙思想との類似に思い至る。

啓蒙思想に心うごかされ、意図してか、期せずしてか、政治に反映させる君主のふるまいは、啓蒙君主のものだ。家斉のことばとふるまいには、それをどう名づけるかは別にして、西洋の啓蒙君主を想起させずにはおかないものがある。そしてこの連想は、家斉に限ったことではなく、歴代将軍の事績をたどっていくと彼らの言葉と行動の中にも見出せるものである。ことに八代将軍吉宗の事績には、権力者たる将軍のふるまいとしては意外な、上下の身分のあり方から導き出せる政策というよりは、今でいう公共政策、公共福祉的な施策がみられる。家斉が享保の昔に植えられたものだと述べている飛鳥山の植桜はその代表事例だろう。

飛鳥山の桜は、享保五〜六年頃植えられたものである。また隅田川べり、向島の桜のはじめも、吉宗が八代将軍についてしばらくのち享保二年(一七一七)頃のこととされる。いずれも当初は将軍の鷹狩の場の確保・整備と無縁だとは思われないが、のちに庶民遊観の場となってゆく。つまり、幕府は庶民の利用を否定することなく、むしろ積極的に推進している気配がある。まさに吉宗の時代に公共園地、花見公園が意図的に造成され維持されるような政策が行なわれたのである(白幡「花見と都市江戸」)。

吉宗の場合は、公共福祉策というべき施策をとったとする記述が多くあらわれる点を考えると十八世紀初頭の「君主」としてきわめて早い「啓蒙」君主であったとみる見方もありうる。ただし、吉宗は、御成という形式で臣下の屋敷を訪れたり、庭園での宴会を行なったりの例がほとんど見られない。吉宗の外出は鷹狩で特徴づけられている。そこで大名屋敷とのかかわりはうすれ、あるとしても郊外に所在する下屋敷か、もっと郊外の郡代屋敷との接点くらいが生まれる程度だった。吉宗自身に関しても庭園築造の事績や園遊の記録に乏しい。もちろん鷹狩も、たとえば飛鳥山や御殿山の植桜の例があるように造園と無関係とはいえない。けれども吉宗は個々の庭園づくりとはずいぶん縁がうすい。

家康と鷹狩

吉宗が徳川幕府の開祖として範としていた初代将軍の徳川家康も鷹狩に熱心であったが、鷹狩先となる土地には、要所に御殿や御茶屋を設けた。これはもちろん地方支配の拠点づくりという政治的意図が強くはたらいていたことは間違いない（本間清利『御鷹場』）。けれども一方では、これが一種の武家的遊興の拠点ともなり、美意識をもって眺望や景観を確保するための装置の役割を果たした。もちろんその機能は付随的に発生したものであると見るべきかもしれない。けれどもそんな機能は失われ、衰微していったわけではなく、幕府政権の安定化にともなって、むしろ大きな役割を担うようになったと考えてよいだろう。

吉宗の場合は、政権安定下において、幕府初期の本旨を再確認する効果を、鷹狩に期待したといわれる。綱吉の時代にほとんど消えかかっていた鷹狩の伝統の再興・復活が強く意識され、武門を司どる階級としての武家文化を再活性化させようとのねらいがそこにあった。そしていくつかの主要な鷹場には、御殿や茶屋がつくられた。その鷹場の中、あるいは近接する地点に飛鳥山や隅田川べりの向島、品川の御殿山など、のちの桜の名所・花見公園が誕生したのである。

吉宗の造園とのかかわりは、他の将軍とはかなり色合いが異なる。吉宗は、大名庭園の意匠や様式の発展史にほとんど関係がない。庭園を舞台とした楽しみの社交や一定の基準によって選ばれるメンバーでできあがるサロン文化に、ほとんど無縁である。つまり吉宗は公園づくりには先駆的な役割を果たしたが、武家の庭園文化、大名庭園には貢献しなかった。

家斉の場合は、さらに長期安定をつづける幕藩体制の下で、臣下たる大名の屋敷を、鷹狩行事とからめて訪問する略式の御成をつくりあげた。それは、幕府初期の十七世紀のあいだにできあがった御成が刺激した大名屋敷の整備と、家康が始め、吉宗が再興した鷹狩による郊外の御殿茶屋の造成との合体であったとみることができる。幕府の支配・統治の手法をみてゆく中から大名庭園の歴史を考えると、鷹狩と御成によって開発された装置が、重要な役割を演じていることに気づく。大名庭園が武家の儀礼と社交という統治上必要な機能を担っていることがはっきりしてくる。

将軍と藩主、そして藩主と領民との関わりの中に存在する大名庭園を西洋の例と比較すれば、君主と各地の領主、絶対君主と廷臣たちとの社交から生まれる絶対主義の時代の庭園が思い浮かぶ。

西洋庭園をみる

絶対王政の中の庭園の筆頭はヴェルサイユの庭園であろう。十七世紀の後半、宮廷庭師のアンドレ・ル・ノートルがルイ十四世のためにつくったこの庭園は、王の庭園と呼ぶのがぴったりくるほどの壮大な規模を誇る。八百ヘクタール、八百万平方メートルという途方もない広さだ。この庭園の様式は、ふつう平面幾何学式と呼ばれるが、平坦な広がりをいくつもの区画に区切り、それぞれを濃淡のあるデザインで特徴づけた上で、それを一本の軸線にまとめあげている。この平面幾何学様式をとりいれた庭園が各地に存在し、それがフランスの絶対王政を支える領主の庭園の規格のようになっている。平面幾何学様式とは、いわば統治体制に連動した庭園様式という点で、大名庭園と並行して論じうるものだろう。

フランスのブルボン朝を中心に洗練された庭園様式であるため、「フランス式」や「ブルボン様式」の名もある。もちろんフランスのみならず絶対主義の時代のヨーロッパ各国でこの様式の庭園が生まれたため、そしてまた政治体制の意図を反映させている点から「絶対主義の庭」、あるいは「絶対主義の庭園様式」とも表現される場合がある。さらに当時の支配的な美術様式と関連する点から「バロック庭園」と称されることも多い。

この庭園が大名庭園と比較しうるのは、どちらも饗宴と社交をその重要な機能としてもっていた点にある。大名庭園の方はすでにかなり述べてきたから、フランス式平面幾何学様式、絶対主義の庭、すなわちバロック庭園について考察しておこう。

2　ヴェルサイユの庭園

バロック庭園の原型

バロック庭園の頂点に立つのはヴェルサイユである。ヴェルサイユは宮殿と庭園との二つの重要な装置からできあがっている。宮殿を中心として、その前面には左右に大きく翼を広げるように突き出た翼廊がある。これは外部からの訪問客を受入れるための機能をもっている。宮殿の背後に位置するのが、広大な庭園である。庭園は宮殿の中心を通る軸線を引いてみると、左右対称にできあがっている。すぐ手前には噴水や花壇が設けられ、濃密な空間がつくりあげられている。ここはジャルダンと総称される。

つづいてかん木のあい間に彫刻が置かれ、噴水が要所に設けられた少し密度の薄い空間が位置する。ここには、生垣でかこわれた内部が迷路につくられたり、色あざやかな花が幾何学的文様の区画に植えられ、花壇となっている部分もある。これがプチ・パルク。

ついで宮殿から最も遠い部分、最も広い面積を占めるグラン・パルクと呼ばれる樹林帯がある。背の高い木が森をつくりあげており、まっすぐに延びる道が縦横に走っている。以上がバロックの庭園の基本的な姿である。

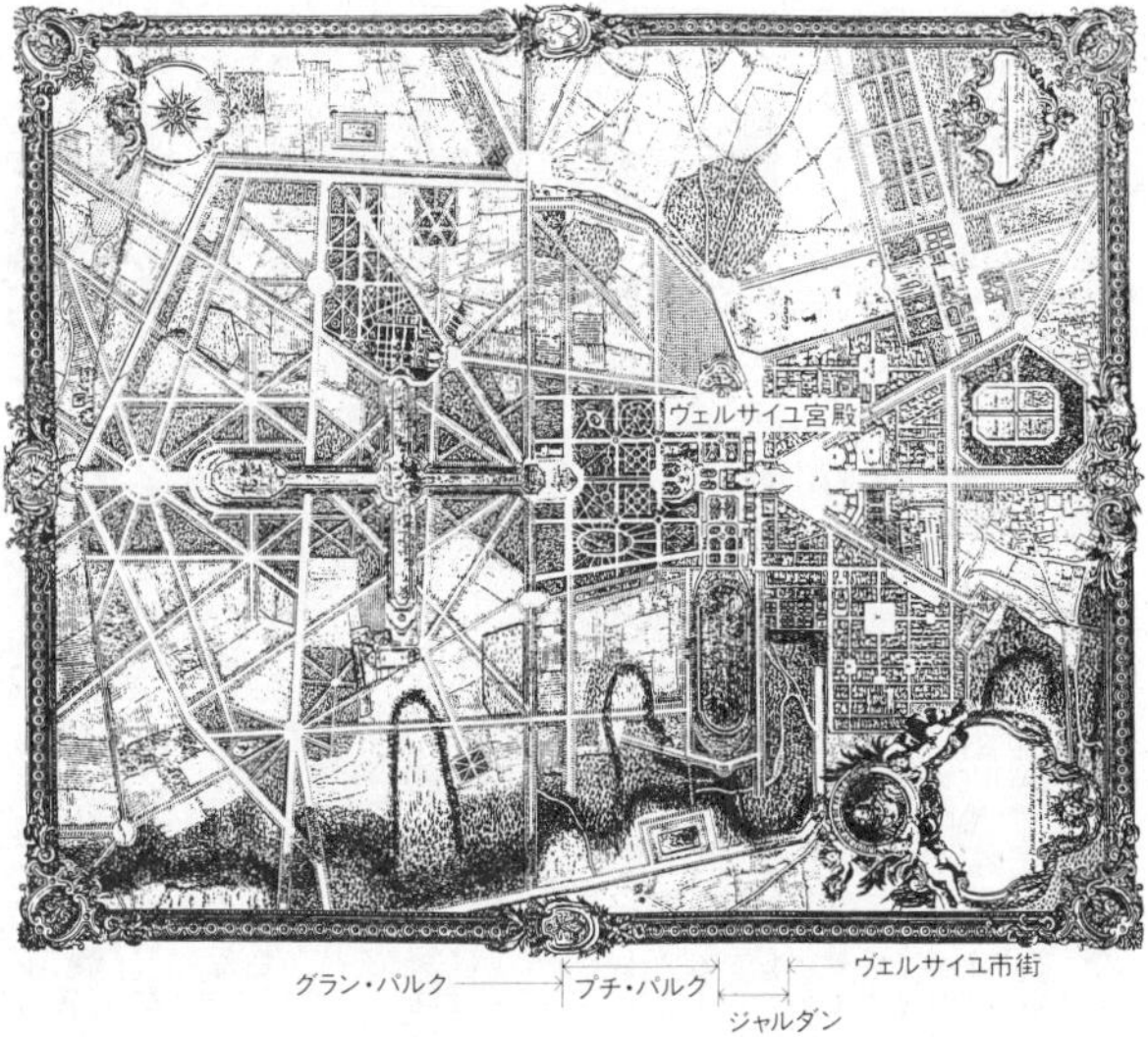
ヴェルサイユ宮殿
グラン・パルク
プチ・パルク
ジャルダン
ヴェルサイユ市街

ヴェルサイユの庭園

このような宮殿と庭園で構成されるバロックの城が、十七世紀の終り頃から十八世紀のあいだにフランスのみならずヨーロッパ各国へ流行病のように広まった。宮殿と前面の広場、背後に位置するジャルダン、プチ・パルク、グラン・パルクを備えた平面幾何学様式の庭園。これがヨーロッパ中で流行したのである。このバロックの城が持っていた機能こそ、大名屋敷と同じ饗宴と社交だった。

十七世紀がはじめて、その目的が居住でも家政でもなく祝宴である建築様式を建て、その中核をなすのは祝宴場であった。つまりバロックの城である。(『大世界劇場』)

とドイツのバロック文化研究者リヒャルト・アレヴィンは書いている。ここで「祝宴場」「バロックの城」と訳されているのは、じつはバロックの宮殿と庭園をひとまとまりにした「装置」を意味している。建物だけではなく庭園だけでもなく、その複合・まとまりが全体として祝宴の場となるのである。大名屋敷の例でいえば、御成門や御成御殿の建築が江戸初期に必要とされ、御成の儀礼の舞台の一つとして茶事が行なわれる庭園が生まれたように。そして日本の近世の大名庭園が饗宴と社交の場として茶事の舞台以上の規模と設備をそなえて変身していくように、西洋近世の祝宴の装置として完成されていった結果がバロックの城、すなわちバロックの宮殿と庭園なのである。

史上最大の祝宴

バロック庭園史上最も盛大な祝宴は、一六六四年（寛文四）五月七日から十四日までヴェルサイユで開かれた祝宴である。初日には騎馬行進についでバレエを含んだ演劇が行われ、そして盛大な宴会・食事に移行する。二日目は庭園内に設けられた仮設劇場での演劇が中心である。三日目は、庭園の中央部アポロンの池で行なわれる水中劇が最大の催し。この劇のクライマックスは宮殿全体が花火でいろどられ、その終了によって宮殿が闇に包まれ、まるで消滅したかのような効果を伴って、三日間の演劇を中心とする祝宴はひとまず終る。この三日間の一連の催し全体は「魔法の島の悦楽」と題されていた。王ルイ十四世や王妃をはじめ、参集者たちも劇中の登場人物に組み込まれるような、出演者と観客が別々ではなく、一体となった催し、すなわち饗宴である。したがって現在でいえば参加型テーマパークのような装置になっているのがバロックの宮殿と庭園だった。残る五日間は、比較的内輪の宴会が行われたと思われる。

ヴェルサイユでは、こののち一六六八年（寛文八）、一六七四年（延宝二）にも盛大な祝宴が開かれている。それに合わせて庭園内の意匠も、宮殿の設備も新設・改造がなされ、また当日に向けて仮設構造物がつくられた。

造成の熱狂

バロックの宮殿と庭園は、あくまで祝宴場として整えられるべき装置だった。その熱狂的な造成のありようをアレヴィンは次のようにうまく表現している。

手職人の一隊、大工、画家、仕立屋、庭師、料理人が動員された。王宮の仕事場は熱狂的な忙しさに満たされた。……家々が建てられ、山々が移され、森には木が植えられ、大池が掘られた。……それもおそらく一夜のうちに浪費されるためであった。(同前)

ヴェルサイユを筆頭に、ヨーロッパの宮廷は祝宴のための装置としてバロックの庭園にとびついた。スペイン王カルロス二世は、宮廷庭園であるラ・グランハのディアーナの泉を見ながら、

「これには三百万の費用がかかった。そしてこれは三分間私を楽しませてくれただけだ」と呟いたとの逸話がある。(同前)

バロックの庭園は饗宴の舞台であったが、それは浪費の装置でもあった。しかしこれをたんに浪費とみなすのは、大名屋敷の御成門や御成御殿、あるいは庭園の造成を浪費とみ

たり、あるいは将軍家による大名勢力弱体化を図る支配策とみるのと同じで、ことの一面に光をあてているにすぎない。バロック庭園の意味をつかむには、その機能を多面的に吟味することが必要だろう。大名庭園の築造を御成を受止める装置づくりと考えたとしても、それは、参勤交代や江戸城の改修などを含む各地の災害などの復旧普請への動員などと同じで、大名の勢力削減とみるか、あるいは主君への忠誠を顕示する大名側の積極的な対応とみるか、見方は正反対に分かれる。バロック庭園についても同じことがいえるだろう。

「社交」と狩猟

しかしどちらの庭園においても、その誕生の契機に社交が大きくかかわっていたことは共通する。バロック庭園が最も華やぐのは、盛大な祝宴のときだが、もっと日常的な宴会の場としてもよく用いられた。君主をうけいれるためだけではなく、内輪の宴会や宮廷社会のつきあいの場としてもバロックの庭園は機能した。大名庭園も、将軍を待ちうけるだけの装置ではなく、大名どうし、大名と家臣の宴会の場として、より頻繁に用いられた。

そこに共通するのは社交の機能である。バロック庭園がそれ以前のヨーロッパの庭園と大きく異なるのは、社交をその機能の中心に持ったことである。大名庭園がそれ以前の日本の庭園と区別しうるのは、社交の機能がきわめて大きかったことである。むろんそれまで、ヨーロッパにおいても日本においても、庭園が社交の役割を持たなかったわけではない。しかし社交の機能が庭園の規模を左右し、意匠・様式に強く影響したことはきわめて少なかった。

社交の力学にうごかされて誕生したこと、これこそヨーロッパのバロック庭園と日本の大名庭園の共通項であろう。

彼〔ルイ十四世〕が習得したのは、ダンスの仕方とギターの弾き方だけである。

このように述べたヴォルテールの言葉には誇張があると、フランスのバロック音楽・オペラの研究家フィリップ・ボーサンは、少し注意を促しながら紹介している（『ヴェルサイユの詩学』）。けれどもヴォルテールの言葉は「当らずといえども遠からず」で、じっさい「父親と同様、彼は狩猟と音楽とダンスしか愛さなかった」と自分の見解を述べる。ルイ十四世は少なくとも後半生は、ダンスとギターだけを好んで行った。そんな好みが生かされ、輝いてみえるのは饗宴の場であったこともつけ加えておかねばならない。ルイ十四世がパリではなく郊外のヴェルサイユにほとんど常住したことも、宮殿と庭園の改造・修景に熱心だったことも、饗宴をぬきにしては説明が難しい。しかも正確に言うとルイ十四世は、宮殿よりは庭園の美化と改修にずっと労力と金をかけた。

ボーサンが言うように、父親ルイ十三世と同様ルイ十四世も狩猟を愛した。このことは、ヴェルサイユの庭園を大名庭園とつなぐもう一つの連想の糸にもなる。

ヴェルサイユはパリの郊外にある狩猟場だった。ルイ十三世以前からここは御料場であったが、のちのヴェルサイユの宮殿と庭園に変身する源は、彼がここに築いた小さな城館にある。狩猟の折に休憩し、またときには宿泊もする小規模なレンガづくりの城館を堀が取り囲んでいた。十二歳のとき初めてここを訪れたルイ十四世は、その後も狩猟の折にここを利用し、のち壮麗な宮殿と庭園に改造することになる。バロック庭園の誕生と狩猟はつながりがあり、大名庭園の誕生と鷹狩の関連を思い出させる。

ミニ・ヴェルサイユ

ヨーロッパ各国の宮廷にはバロック庭園がつぎつぎに生まれた。しかも、その様式と機能はヴェルサイユを規範にしていた。第二、第三のヴェルサイユが、ブルボン王朝とかかわりのあるヨーロッパ中の宮廷に誕生していった。けれども、第二、第三のヴェルサイユは本家の規模と装置を上回ることなく、すべて「ミニ・ヴェルサイユ」としてつくられた。初期江戸城の西の丸庭園やその後の二の丸庭園が、大名屋敷の庭園を規模と装置の上で上回ることがなかったのと正反対である。もちろん江戸城全体と大名屋敷を比べれば、江戸城が上回り、城内の庭園をまとめれば大名庭園を上回るとは言えるかもしれない。けれども尾張藩の下屋敷・戸山荘を筆頭に、高松藩の栗林園、水戸藩の小石川後楽園など、江戸城の庭園を上回る規模の大名庭園は少なからずあった。さらに、大名庭園が将軍の庭園を範とした顕著な例はまったくない。

おもしろい逸話が残されている。ルイ十四世がヴェルサイユの宮殿と庭園の築造に熱心になったのは臣下の邸宅を訪れたことがきっかけだという逸話である。一六六一年（寛文元）八月十七日、ルイ十四世の臣下、財務長官のニコラ・フーケが饗宴を開いた。自邸ヴォー・ル・ヴィコントの城館と庭園のお披露目であり、また王の来臨を仰ぐという点では「御成」を請《こ》うたことにもなる。この時フーケの城館と庭園を見て驚嘆したルイ十四世は、羨望の念にとらえられ、臣下の邸宅を上回る宮殿と庭園の築造を決意したというものである。西洋庭園史上で有名なこの逸話は、不正蓄財の疑いがかけられたフーケの逮捕・監禁と、この庭園をつくった庭師アンドレ・ル・ノートルをルイ十四世が召しかかえるという後日談も伴っている。

臣下が自分より壮麗な宮殿と庭園を持つのは許されない。そうルイ十四世が思ったかどうかは確かではないが、その後の一連の事態はそんな想像に確信を与えてくれるように進行している。けれども西洋庭園史上でも、フーケの逮捕は、えん罪ではなくそれ相応の理由があり、ル・ノートルの召しかかえは、王の庭師としての独占ではなく契約のようなものだとの説明もある。すべてをルイ十四世の羨望・ねたみで片付ける平板な解釈が力を持っているわけではない。

ヴェルサイユと大名庭園

ただしここで重要なのは、やはりその後ヴォー・ル・ヴィコントを上回る規模と装置を備えたヴェルサイユが誕生したことであり、またその後ヴェルサイユを上回る壮麗な宮殿と庭園はフランス国内にもヨーロッパ諸国にも生まれなかったことであろう。江戸城は明暦の大火（一六五七）で焼けた後、天守閣が建造されなかった。名古屋や熊本に将軍の城を上回る大天守閣が存在していたにもかかわらず。また、さきに述べたように戸山荘や小石川後楽園をしのぐ大庭園も、江戸城内にはつくられなかった。饗宴のあり方もまたバロック庭園と大名庭園では異なるといってよい。

バロックの西洋でやはり饗宴の規範になるのはヴェルサイユ宮殿と庭園を使って行なわれるものだ。王は廷臣を招き、大饗宴を張る。もちろん臣下の邸宅に王が出かけることもあるが、それは「ミニ」機能しか持たない。一方、大名庭園に将軍は「御成《おなり》」する。大名庭園は将軍の庭園を上回る壮大な庭園である。そこで贈答のやりとりが行なわれる。これは接待であり饗応である。将軍が江戸城に臣下を呼び行う接待・饗応をはるかに上回る盛大なものである。こう見てくるとバロック庭園と大名庭園における饗宴と社交の意味がずいぶん違うように思えてくる。

江戸城中の最大の庭園は吹上の庭である。ここでは重臣・諸大名を招く饗宴は、とくに

吹上御庭茸狩之図　（風俗画報）

開かれなかった。

吹上の庭での饗宴で特異なのは、大奥、奥女中たちのために催されるものだった。明治の「風俗画報」が絵入りで紹介している宴会に「花見」と「茸狩」がある。どちらも年中行事となっていて、花見はちょうど桜の咲く頃、将軍夫人以下数百人の女中連が花の下で、酒、菓子などをならべ、鬼ごっこや拳遊び、タコ揚げなどで一日を過ごす。

茸狩は松茸狩で、同じくほとんど大奥総出の宴会である。当日は、あらかじめ購入してある松茸を各所に植え置き、最初に見つけた者、最も大きな松茸を手に入れた者などに褒美が出される。酒菓を楽しみ、歌を詠み、辰の刻から申《さる》の刻、およそ午前七時から夕方五時近くまで屋外に遊ぶ。

江戸城での饗宴は、ヴェルサイユとやはり異なる。

社交界の東西

もう一つの大きな違いは廷臣たちがつくる宮廷と、そこに生まれる社交界の存在があるかないかであろう。ヴェルサイユ宮殿の広間や庭園は、廷臣たちが交わる社交の場であった。社交界の中に上下の身分差はあるけれどもそのときの社交の様子は、比較的上下の差をとりさった交流である。社交界の存在は、その後十八世紀後半から十九世紀にかけてあらわれる公共の場につながるように思える。そしてバロック庭園は、社交界にとっての公共の場のように思われるのである。

一方、大名庭園は饗宴と社交の場であるとはいえ、将軍と側近が大名に接待される場であり、藩主が近習・臣下を饗応する場である。その中に、上下の差をかなり取り去った「ヨコ」のつながりと交際の雰囲気がうかがわれるにしても、なにか「社交界」と名づけるにははばかられるような感じが強く残る。社交界が存在すれば、そこへのデビュー（初登場）や、人物が入れ替わっても存続するような「社交界」独自の規範・ルールの発生が予想されるが、大名庭園での社交には、そんな想いをかき消すような交際しか想像できない。水戸藩の藩主と家臣（「史館」に勤める『大日本史』編纂員）との宴会は、さきに述べたように会社の部局の慰労会や忘年会の雰囲気がただよっている。上下を隔てず、ずいぶん気楽で楽しい宴会になっているようだが、やはり西洋のような社交の場と違う感じを受ける。このことは、日本の社交や宴会、パーティーのあり方と、西洋のそれとの、現在にまで至る違いにつながるものがあるようだ。

バロック庭園と大名庭園とをつなぐのが饗宴と社交であるとはいえ、その中味はやはり異なる。そしてその違いが、双方の庭園の規模や意匠の違いにつながり、またその後の発展の違いにもつながっている。

庭園の機能から江戸時代のヨーロッパと日本とを比較してみると、大名庭園を生んだ幕藩体制は、ヨーロッパでいう絶対王政や絶対主義にはぴったりとはあてはまらない。したがって政治学や政治史的な分析を抜きにし、庭園の機能のみに限定して語れば、大名庭園は絶対主義の庭や絶対王政の庭園とみなすことは難しいだろう。しかし饗宴や社交をとりあげて、庭園が果たした役割からみれば、バロック庭園と名づけることにはそれほど違和感はないと思う。

西洋人のみた江戸城庭園

ここで、じつにおもしろい図を紹介しよう。西洋の書物に掲げられた江戸城図なるものの一つである。画面右側に天守閣と思われる建物がそびえているが、それが三つもある(図はその一部)。中央のが一番高く、意匠の上でも複雑で天守閣をあらわしているとみることができる。挿絵は部分図なので見えないが、他の建物は隅櫓《すみやぐら》かとも思われる。我々には理解しがたい景観である。これはオランダの宣教師モンタヌスが著した『東インド会社

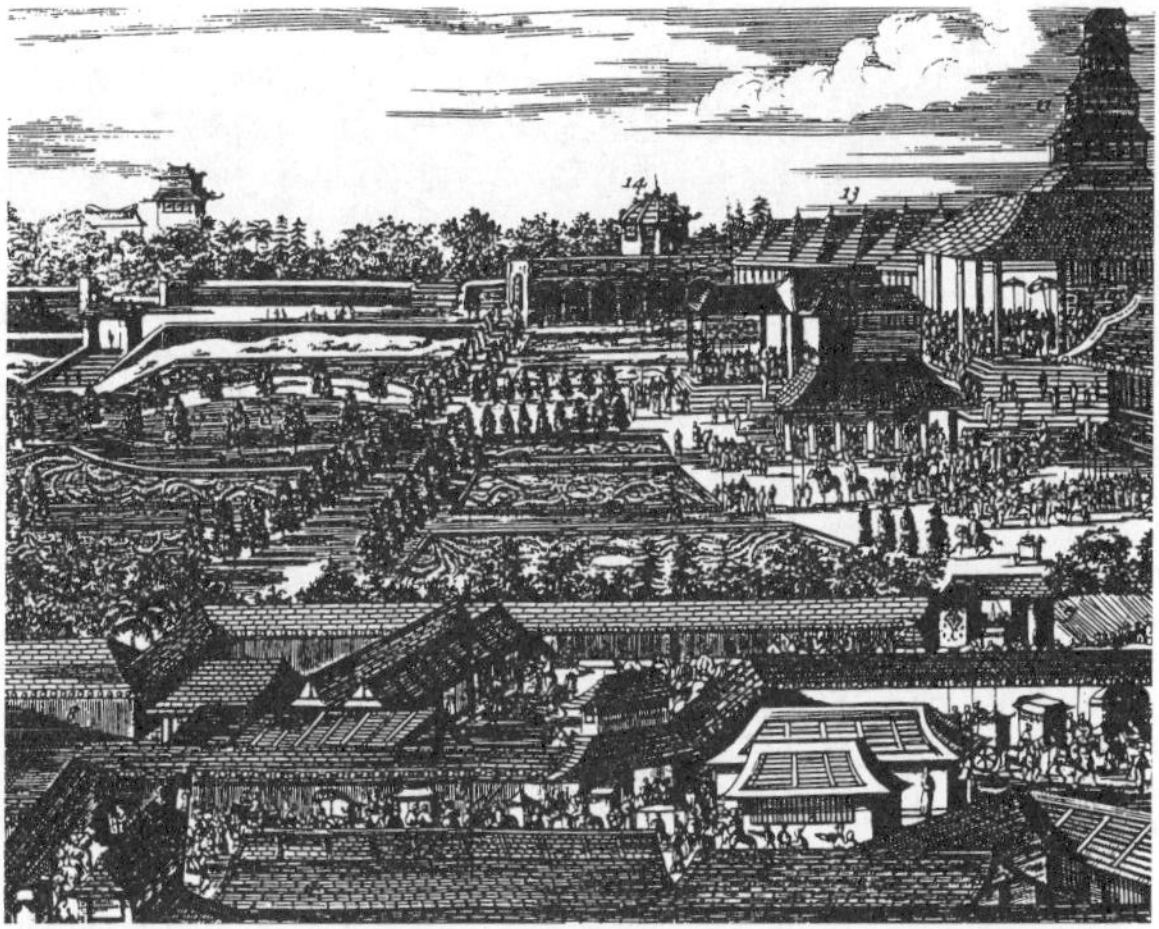

モンタヌス「東インド会社遣日使節紀行」1669に載る江戸城図の庭園

遣日使節紀行』（一六六九）に載せられたものである。彼は日本にやって来たことがなく、文献と伝聞でこの本を書いたのだが、その江戸城はじつに想像力に富んだものになっている。

私が目にとめたのは、じつは「天守閣」ではなく、城内中央部に描かれている庭園とおぼしき部分だった。ここに描かれているのは、まるでバロック庭園かと思われるような幾何学的な区画の花壇である。フランスの平面幾何学式庭園が江戸城の庭として想像され描かれている。ここに当時の君主の城館には、平面幾何学的な庭園が必ず備わっているとする「常識」が映し出されている。君主のみならず大貴族でも、所領の庭園はフランス風を採用するのが当り前だったからだ。ましてや君主たる将軍の宮殿の庭はこうであるはずだ、そう西洋人が思ってもおかしくない。また、こんな図を描けば読者も納得すると考えたかもしれない。このような高価な書物を購入できるのはほとんど貴族か大商人であるが、彼らもたしかに納得できる庭園様式だったのだろう。

じっさいこの本が出版されてから二百年ほど後に出た本にも、ほとんどそっくりの、おそらくこの本の挿絵をもとにしたと思われる図があるのを見つけた。一冊はイギリスで、もう一冊はドイツで出版されたものだが、ヨーロッパにおける「常識」がそのままつづいていたことが想像できる。

残念ながらこれらの書物に大名庭園の図は一枚もあらわれない。もし描くとしたら筆者たちは西洋の宮廷社会からの類推で、将軍の庭園の「ミニ」版を描いただろうか。

将軍に拝謁することができたオランダ東インド会社の社員たちによる江戸城の記述はいくつかある。しかし大名屋敷の記述は皆無である。なぜなら塀の中に閉ざされた大名屋敷の内部は、西洋人たちにはまったく知るすべがなかったからだ。いくら想像力を働かそうにも全く手がかりがなかったということになるだろう。大名庭園の秘園としての性格は、西洋の封建領主のバロック庭園と比較したとき、じつにきわだっている。

3　社交と開放

清水園をみたい

外部にかたく閉ざされているとはいえ、大名庭園での饗宴は、ずいぶん盛んに行なわれたようだ。それも家臣やその仲間の旗本たちが一度は拝見したいとの願いがかなえられるじつにうれしい機会であったらしい。藩主は、このような望みを重臣たちから聞いて、ときにはそれに応じることがあった。

ある日の毛利家屋敷に、藩主が招いた臣下たちが集まり、園遊会が開かれた。そこ、青山にあった萩城主毛利家の屋敷には「清水園」と名付けられた庭園があった。造園の年代ははっきりしない。けれども初代の毛利秀就《ひでなり》がこの地を幕府から与えられたのは寛永十三年（一六三六）のことで、のちになって庭園が整備されたから、この園遊会も寛永よりもっと後のことになる。

かねてのきこえある事にて、神無月の五日政武共《ども》まいるべしとなん。これにつけて新見出雲守正恒朝臣兼《かね》てねがうことあり。此《この》別館にまいらん事も侍《はべ》らば、一度見はえりたきよし、せつに聞えしことあれども、折もこそあらめなどいいて年月を経ぬれば、こたびひそかに問《とい》あわせしに、其《その》まま侍従の君に願いてゆり給えば、正恒朝臣をも伴うべしとつたえたまいて……（「名園記」、『東京市史稿―遊園篇』第一所収）

この筆者は、かねて有名なこの庭園を見たいと思っていたが、友人も一度みたいものだと望んでいた。そこで思いきって頼んでみたところ藩主が聞きとどけ十月五日に来訪が許された。友人もついてきてよろしいとのことだ。

この時の庭園訪問は、まず近くの毛利家菩提寺に出向く。どうやらそこで知らせを待って、それから「野遊《のあそび》の体に打《うち》つれ行《ゆけ》ば」というから案内人と共に遊山のような雰囲気で門に至ったらしい。おおっぴらで正式な訪問ではなく、くだけた略式スタイルの招待といったところだろう。

こうして案内人に連れられ園内各所をめぐり、途中からは「侍従の君」すなわち藩主その人が先導してさらに回遊をつづけた。一巡したのちに、亭に入って饗応がはじまった。藩主みずからのもてなしを受け、さらに酒もいただいた。それから各々が歌をつくっているから、この藩主も和歌好きなのだろう。「重就《しげなり》朝臣」の歌が披露されているところから、毛利重就、すなわち宝暦元年（一七五一）に相続した第七代の萩藩主であることがわかる。

趣味の会

この筆者自身も歌好きで、このときの記録を「名園記」と題して残しているが、それは擬古文体になっている。どうも筆者およびその友人たちは歌詠みの仲間であり、かねて歌好きの藩主とは会合をもっていたのではないだろうか。歌詠みがいるとのうわさを聞きつけて、それならというので藩主が招いたのではないようだ。庭園を一度拝見したいとの願いもそれまでは別の場所を使ってやっていた歌会を一度は庭園で、ということでこんな企画になったように思える。

この招待は、まず庭園見物から始まる。庭園を見おえて、亭に入るころには日が暮れて食事の膳が出され、そののち夜会となる、といった設定ができあがっていたようだ。月を見ながら藩主が皆と酒をくみかわし、歌を詠む。

やがてまたの饗応一座に三たび四たびと引かわり、とかくとあさからぬ心をつくされしは、ひとつひとつ筆にしるしがたし。誰彼の御酒をもすすめ汲《くみ》かわし、盃のかずはかさぬれ……。(同前)

藩主は饗応の席を三度、四度とあちこち移りながら気を配り、誰彼なく酒をすすめた。

筆者、丹波守磯野政武なる人物は、感激する体で記している。一行は「周防長門の産なるものとて」地方名産品のおみやげを貰って恐縮しつつ退出したという。

クラブの原型

趣味を同じくする藩主と家臣が、同好会のような催しを、大名庭園を会場として行なう。いわばクラブハウスに近い機能を大名庭園が果たしている。

日本でのクラブの発達は明治以後、西洋文化の受容のなかで考察されることが多い。たしかにそれ以前の日本には、西洋のクラブやクラブハウスの機能と一致する装置は見出せないというべきだろう。しかし同好の士の集まりがどのように行なわれるかは異なっていても、親交を深める目的は西洋も日本もとくに違わない。たとえば日本の植物愛好団体・園芸会は、江戸以来現在もきわめて閉ざされた、ときには秘密クラブめいた組織となることがある。それは江戸の園芸ブームの時代につちかわれた珍品・奇品を尊ぶ心情を反映しているだろう。そこで得られるのは、限られたメンバーがひそかに門外不出として共有する情報である。秘められた情報の共有が最大の楽しみとなり、かたいきずなにもなる。公開された公共のクラブが生まれにくいのは、このような伝統が各分野に根強く残っているからでもあろう。大名庭園内の饗宴とバロック庭園内のそれとを比較してみたが、やはり社交の東西比較は、深く追求するに値する文化比較になりうるだろう。

藩主のサービス

さて、藩主と家臣、それも同好の士がつどう会合は、このように行なわれたが、もっと広範囲の人々を対象とした「園遊」もあった。

和歌山城主、紀伊徳川家の赤坂にあった藩邸での事例をみてみよう。ここは現在迎賓館となっているがもとの赤坂離宮であり、さらに逆のぼれば「西園」と称する庭園が設けられていた和歌山藩邸だった。

此苑容易《このえんたやすく》拝観を得ずと雖《いえど》も、紀府より供奉《ぐぶ》乃至《ないし》勤番の士は、請願の上允許《いんきょ》せらるるを恒例とす。(「紀の柴折」『南紀徳川史』所収)

この西園の拝観は容易ではないが、紀州から藩主に従って江戸に来府したものや江戸藩邸勤務の者は願い出れば允許(許可)が出ることになっていたという。規約上はそうだが、おそらくそれなりの手続きを踏めば、他藩の者も観覧できたのではないかと思えるような文面である。さらにもっと自由な感じの庭園利用もあったが、それは藩主と家中の子供たちとの交流だった。

顕竜公の御時には、毎歳二月苑中稲荷社初午祭の時、及び十月頃秋葉社《しゅうようしゃ》祭典の節、御家中の小児十五歳以下の男子上下一同入苑を許さるるを以て、各所の群童数十名をなし（山屋敷連段連などと云う）自由に参観……。（同前）

初午祭や園内の社の例祭のある二月、十月には家臣の子供で十五歳以下の男児は数十名のグループ（連）になって園内を自由に見物できたという。

御在府年には、鳳鳴閣の前庭芝生（広芝と称す）に於て、公の御放鷹を拝観、或は近侍の士に扇上ヶ追鳥狩を被レ仰、群児も共に交りて相競争の体など興し給い、又は御親《おんみず》から蜜柑《みかん》菓餅《かへい》を投げ賜《たまわ》るを、群児は我一と拾い争う事狂える如く、上を下へと雑踏歓喜《ざっとうかんき》踊躍《ようやく》の状を御慰《おんなぐさみ》と被レ遊《あそばされ》たり。之《これ》を御投《おな》げものと称し、幼時無二の一大快楽と覚えしは、信輩尚記して忘れざるところとす。（同前）

藩主が自分の領地でなく江戸詰の年は、特別に鷹狩りのデモンストレーションを藩主みずからがやってみせる。近習の者に命じて追鳥狩をやらせ、入場している子供たちにも参加させたりする。そしてその後に園内の広い芝生で、藩主が子供たちに向かってミカン投げや菓子、餅まきなどをする「御投《おな》げもの」と称するイベントもあった。子供たちが群がり競って餅やミカンを拾おうとする様子を藩主は喜びとしていたという。

今ならクレームがつくようにも思う行事だが、むしろこれは大名庭園の開放的な性格の一つと見るほうがよい。この記録の筆者自身が子供の頃の最大の楽しみだったと述べているくらいである。藩主をことさらたてまつる記述は他の記録とも共通するが、こんな行事が行なわれていたことは、大名庭園が秘園の性格ばかりではなく、制限つきながら公園的な機能をもっていたことを示している。

ここ和歌山藩の西園では、春の花どきや秋には、藩主の正室・側室や女中連の遊覧も決まって行なわれ、その時には「御広敷《ひろしき》御用人」つまり大奥づとめの者以外の男子はすべて入場禁止になったという。どうやら大名庭園はなかなか休まるときがないほど頻繁に利用され、にぎやかであったようだ。

囲い込まれた社

大名庭園は規模が大きくなればなるほど、敷地内に在地の稲荷社などの社をかかえ込むことが多かった。庶民信仰の施設を排他的に囲い込んでしまい、参拝などさせないと反発も起きる。藩主としてもこれは避けたい。そこで、例祭などの折には園内の入場を許す措置をとることが普通だった。さきの和歌山藩の西園の場合がそうである。これに似た例は松平定信の邸宅、築地にあった浴恩園でもみられる。

午祭には、児童大鼓を打《うち》て邸中を回り、家毎に灯籠を出《いだ》し、末々《すえずえ》まで当日庭内の神祠に参詣し、梅園のあたりまで逍遥を許したまう。八天宮の祭は十一月中の未《ひつじ》の日、児童大鼓を打《うつ》こと午祭と同じ。此日酉《とり》の刻まで酒を禁じ、夫《それ》より酒肴を勧め祝う習也《ならいなり》とぞ。

(「守国公御伝記」『東京市史稿――遊園篇』第二所収)

浴恩園でも西園と同じく初午の日に、子供たちが太鼓を鳴らして園内をめぐること、そして近隣の人々が稲荷社に参詣し、園内の一部を見物して回るのを許可している。

このように大名庭園は饗宴など楽しみと儀礼をともなう武家どうしの社交の装置であると同時に、もっと広い範囲に及ぶ主従、支配被支配のなかの緩衝用装置としての性格をもっていた。武家が社交を、より多様に展開してゆけばゆくほど、庶民に向かってもそんな機能を提供せざるを得なかった。明治になって上地された大名庭園が公園に指定されることもあったが、それはすでに大名庭園が閉ざされた秘園、もの静かな観賞の仕方や信仰の装置、あるいは儀礼の舞台などの限られた役割から脱した幅広い要求に応じる遊園の性格を備えていたからであった。

第五章　庭園は江戸にあり

Fig. 18.

1　庭園史の常識

評価されない江戸の庭園

日本庭園が世界に誇る様式に回遊式がある。山あり川あり、滝あり樹林ありの各所を、ゆったりとした曲線の園路が縫う。のびやかな自然の曲線に従って歩めば、つぎつぎ変化する景観が目を楽しませてくれる。回遊式の庭園は外国人、とくに西洋人には人気が高い。外国人に評判がよいだけでなく、回遊式は庭園を訪れた人に不満を持ち帰らせることが少ない。日本庭園の専門家からも評価されている様式だ。

一方、大名庭園は京都の庭園に比べて、とくに専門家のあいだでは評価が低い。今も残る代表的な庭園が、ほとんど回遊式であるにもかかわらず評判がわるいのである。

耳に心地よく、大衆的には人気があるクラシック音楽（たとえばロマン派の）は、専門家、音楽評論家のあいだで高く評価されることはまずない。ところが難解なクラシック音楽、聞いても耳に不快で、どこが音楽かと疑うような現代音楽が専門家から妙に持ちあげられる。

大衆の耳に心地よいクラシック曲の多くは、並のテクニックをとうにマスターした者にはあきたりない。不協和音に満ち満ちた現代音楽のような曲こそ、プロにとっては挑戦に値し、演奏しがいのある曲らしい。そこで専門家は、聴き手＝利用者ではなく、演奏家＝生産者の側に立って、難曲を褒めてしまうようだ。

私はその昔、体操をやっていたので、音楽のプロの気持ちがわかるような気がする。何のことかと思われるだろうから少し説明しておこう。体操をやっている頃には、（うまくはなかったが）やっていておもしろいのは鞍馬だった。しかし観客の側からいうと鞍馬の人気は高くない。むしろ退屈な演技だとみられている。鉄棒や跳馬・床運動は大技があり、華やかで見ていておもしろい。

たしかに子供の頃、そして体操をはじめた（といっても校庭で鉄棒にぶら下り、跳箱を飛ぶ程度だったが）小学校から中学校にかけては、鉄棒や（その頃は徒手と言った）床運動、跳馬に関心があった。それが高校になって体操部に入り、少し本格的に始めると、がぜんあの退屈な鞍馬がおもしろくなってきた。どこがいいのかと思っていた演技の微妙な差がわかるようになる。見た目にはほとんどかわらない、ほんの少しの差に、大へんな努力の裏づけがあることがわかってくる。それを自分でやってみて、たまにうまくいった時の喜び。おかげでますます体操の泥沼にはまり込むことになった。

鉄棒や床運動が易しいわけではない。難しい技が一杯ある。そしてそれがうまくできたとき華やかな印象を生み、素人眼にも脚光を浴びる。それにひきかえ鞍馬の難しい技はできたところで大して注目を集めない。ほとんど関心をひかない。そこでプロが登場する。プロの目でその難しい技をこなした技術をほめたたえる。素人の目ではなくプロの目でほめるべきものだとの自負があるから、そのほめ方がよりエスカレートしたりすることもある。

つまり「現代音楽は鞍馬だ」、というのが私の納得だった。人気のあるクラシック音楽は、体操では鉄棒や床運動であり、そしてそれが庭園では大名庭園なのだ、というのが私の納得の仕方だった。

やっと大名庭園の話に戻ったが、とにかく日本庭園史家のあいだで大名庭園の評価は高くない。大名庭園での体験は、いかにも素人うけがする。飛石を踏んで池を渡り、築山の頂上で景色をながめまわすなど、視覚と運動のたのしみに満ちている。そんな、誰の目にも美しく、歩んでいて楽しい景観が備わっている。そこがまた玄人には不評となる。もう一つ別の理由は、大名庭園が江戸時代の庭園だからであり、またおもに江戸で生まれ発展した庭園だからである。庭の専門家の中では江戸時代の庭園全般について評価が低く、もう少し正確にいうと江戸にある庭園の評価が低いのである。

堕落した庭園とは？

日本庭園史界の重鎮であった森蘊《もりおさむ》は、江戸時代前期を「日本庭園史上の第三期黄金時代」（『日本の庭園』吉川弘文館、一九六四）と述べている。これは、桂離宮など江戸時代初期に生まれた京都の庭園を念頭に置いていたからである。「江戸時代初期の庭園は依然として京都中心であった」（同前）と述べ、小堀遠州らが江戸に招かれるようになってはじめて江戸に活気が生まれたという。森蘊は京都の庭園に対抗できるような庭園は、初期の江戸にはなかったとみる。そして江戸中期以降に庭園文化の中心は京都から江戸に移ったと説く。しかしその解釈には、後の造園界は堕落したという考えが色濃く出ている。次のような記述はその典型である。

この時代のもう一つの特色は庭園趣味の普及と出版技術の発達に便乗した庭園図書がたくさん出版されたことである。流行は堕落をともなうとはよくいわれることであるが、庭園の芸術性は失われ遊戯的趣味に堕した点だけは否定できない。（同前）

庭園の芸術性とはいったいなにか。それをはっきりさせないまま、江戸時代中期以後、庭園は堕落していったとの見解のみが表明される。これらは森蘊が日本庭園史の総まとめを行なっていた時期の見解である。だがこの姿勢は晩年の叙述にもほとんど変わらず残っていた。

この時代は庭園が極度に発達し、普及したのは喜ばしいが、一方その計画者・設計者・施工の職人らの質が低下し、意匠面で、表現の方法などで感心したものばかりでなくなった点は残念である。(『日本史小百科19・庭園』近藤出版社、一九八四)

ここには、とまどいを感じさせる二つの矛盾した表現があらわれる。一つは、江戸時代に「庭園が極度に発達し」たとの記述であり、もう一つは庭園づくりに関係する人たちの「質が低下し」たとの記述である。素直に読めば、庭園の発達と造園家の質の低下が同時代に起きることになり、読む方はとまどいを感じざるを得ない。「発達」とはおそらく量的な「普及」を意味しているのだろうと好意的に読むことはできる。そうすれば、数は増えたが質は低下したと言いたいのだな、と理解することはできる。

「質」の低下とは芸術性の低下を意味しているだろう、だがそれは本当か。江戸時代の中・後期につくられた庭園は、芸術的に価値が低いものだろうか。たとえその点は認めたとしても、いったい堕落などといえるのだろうか。さらに譲歩して「遊戯的趣味に堕した」としても、それは庭園にとって誤った道なのだろうか。

庭園の質とはたんに視覚を満足させる観賞のみで判断されるものではない。園中を歩き、鳥の声や水音に耳を傾け、またときには茶を飲み酒を飲む、そんな場所でもあるはずだ。視覚芸術のせまい枠に閉じこめてはもったいない。造園は、高尚な芸術としてのみ生きなければならないとしたら、造園自身の自滅につながるだろう。

森蘊は奈良国立文化財研究所に長く勤め、国立大学を含むいくつもの大学で日本庭園史を講じた、庭園研究の学界の重鎮だった。

二人の重鎮に従う評価

一方、在野で精力的な造園研究を行った第一人者は重森三玲《しげもりみれい》である。戦前、『日本庭園史図鑑』（全二十六巻）の大部な労作を完成させており、戦後も『図鑑』を増補・改訂したものとみられる『日本庭園史大系』（全三十五巻）を完途と共著で世に出した。重森は、庭園史界の在野の重鎮だった。

重森三玲にも、江戸時代庭園を低く見る庭園観がある。「この時代は、不思議に、諸大名を中心とする大池庭が流行したが、これは大を誇り、他藩に対して自藩の勢力を誇ることが内在した関係で、高度な芸術性豊かな池庭を作るための必然的な大池庭ではなかった」。この記述からはっきりわかるように、重森にとっても、庭の良し悪しの判断の基準に「芸術性」がある。「この時代の作庭家としては……著名な人物もあるが、その多くは、大名自身の未熟な研究ながら、殿様芸として用いたから、この時代の庭園が次第に堕落せざるを得なかった」（以上『日本庭園史大系』第十五巻、「江戸初期の庭」②）。たいへん意味がとりにくい文章だが、江戸時代に庭園が次第に堕落したとの見解は森蘊と全く同じである。

二人の日本庭園観はずいぶん違った。森は『作庭記』に記されたような平安後期の庭園の理想を評価し、現在に残るものとして桂離宮の回遊式庭園を高く評価した。重森は鎌倉後期から室町期に生まれた石組中心の枯山水庭園を最高の庭園様式とみなしていた。片や王朝風みやび、片や禅宗的抽象を庭園の理想とみていた。二人は庭園史研究の姿勢や庭園の理想を異にし、交流もしなかったようだ。ところが江戸時代庭園の「堕落」については、全く同じ論旨を述べていたのである。こうして江戸時代庭園の評価については、その後の論者の多くが、庭園史界の著名な二人の説に従うことになったのである。

「実用」を評価

こうした江戸時代庭園の否定的評価の姿勢は、意匠・様式をもとにした価値軸の設定からくる。庭園を絵画や彫刻と同一の芸術作品とみなし、視覚観賞の姿勢から良否を判定する。庭園での体験が、視覚的なものだけではないにもかかわらず、単純化していえば見た目の良し悪しだけで芸術性を論じるものだ。作り手中心で、使い手を無視した議論でもある。もし庭園での体験すべてを総合判断するなら結論はずいぶん変わるはずだ。

庭園史界で、ほとんど例外的に江戸時代の庭園を評価したのは龍居松之助だった。「江戸時代の造園界は花々しき活躍をなした」というのが龍居の説であり、じっさい「幾多の自由なる造園を見るに至った」のが江戸時代だったという（『近世の庭園』）。

龍居松之助の庭園評価は、たんに視覚的なもののみならず、それ以外の視点をとりいれたものだった。視覚以外の機能を龍居は「実用」という表現で代表させていたが、茶事や饗宴など、大名庭園が他の時代の庭園に乏しい機能を豊富に備えている点を指して龍居は実用と表現したのだった。江戸時代の庭園は、

例えば彼の徳川光圀が後楽園に儒教の影響による支那趣味を示し、松平定信が六園《りくえん》に考古趣味、蒐集《しゆうしゆう》趣味を示し、その他柳沢吉保の六義園以下文芸趣味の庭園に加えられたる等を初めとし、あらゆる庭園に実用的趣味を付加したるの外《ほか》、松平定信の南湖、徳川斉昭の偕楽園に於けるが如く、士民の保健衛生及び享楽厚生を目的とせる公園の出現等、実に斯界の業績は特筆に値すべきものが多かった。(同前)

この叙述では、江戸時代の庭園というよりは、あきらかに大名庭園の「実用」性が強く肯定されていることがわかる。庭園がたんなる視覚的な観賞だけの場ではなく、各種の体験ができる「実用」の場ととらえられている。龍居松之助を除けば、庭園史界においては、価値の低い江戸時代の庭園との叙述がほとんどを占める。むしろ建築史家、文化史家の中に、江戸時代の庭園を他の時代にみられない特徴的な空間造形をもつ庭園として評価する人たちがいる。江戸時代の社会を反映した機能をもつ点に注目しているのである。

大名庭園を正当に評価することは、江戸時代の庭園、江戸を中心に生まれた庭園を正当に評価することにつながる。大名庭園こそ、江戸時代に誕生した造園様式を代表するものにほかならないからである。

先入観をとりさって

大名庭園は、長らく貶《おとし》められてきた。説得力ある価値否定の論拠がないにもかかわらず、いわれのない「堕落」という決めつけに甘んじてきたのである。堕落の判定は、すべて芸術性の論理に依拠している。それも視覚体験のみを過大にとりあげる一面的な「芸術性」である。

先入観をとりさって、虚心に大名庭園を見てゆくことによって、大名庭園に落ちついた客観的な評価を下すことができるだろう。そして大名庭園の庭園史における位置づけも可能となり、それを通じて江戸時代庭園への新しい見方を手にすることができるはずである。同時にこれまで欠けていた評価の仕方、すなわち庭園全体を総合的に評価する視点が得られると思う。

大名庭園を、将軍御成や藩主の饗宴、家臣への饗応など広い意味での社交の面からみてきた。従来、この面は庭園評価の中に全くとり入れられていなかったものである。だが大名庭園を日本の庭園史上どのように位置づけるかは、その利用のあり方や機能以外の面、すなわちこれまでと同じ視点からも検討しておく必要があるだろう。

従来の視点、つまり庭園を視覚の対象とした芸術的価値でとらえる視点からは、江戸時代の庭園には、堕落などというレッテル貼りが行なわれてきた。張りつめた緊張感のある石組が主役となって全体を支配している禅宗寺院の石庭。こんな庭を筆頭に、京都の庭、とくに室町期の庭からみて、大名庭園は、造形上の緊張感がない庭園とされ、堕落の一つの相だとみられていた面がある。たしかに目をくぎづけにするようなきびしい造形や、凝縮された緊張度の高い構成が乏しいことは否定できない。どこか心をゆるませるような雰囲気をただよわせている。

もっとも、一分のすきもない濃密な構成は、大名庭園の広さからいっても無理な要求だとの弁護論はなくはなかった。部分をとりあげれば、きわめて密度の濃い、高度な造形がみられ、それらが園路によってつながれている。だから一つ一つの部分は必ずしも鎌倉・室町期の庭にも劣らないし、他の時代の造形に劣るものではない、という風な意見である。しかしそれはたんに部分的擁護をしたにすぎず、大名庭園全体の意匠と様式を正当に評価し、積極的に価値をおこうとする姿勢ではない。

意匠と様式

ここで意匠と様式という表現を持ち出したのは、大名庭園に投げかけられた芸術性への疑問、観賞価値への疑問に反論するためだけではない。意匠と様式を考えることは、庭園の見た目だけでなく、庭園がもっているすべての機能をかたちの上からとらえなおすことにほかならないと思うからである。つまり、従来の庭園評価の基準と姿勢に、再考を促そうとの意図を含んでいる。

これまでの庭園評価は、いかにも抽象度の高い、非日常的造形にばかり価値を求めすぎていたと思う。意匠と様式とは、生活の必要から遠く離れれば離れるほど、高度に洗練されるとみてよいのだろうか。意匠の原点を考えると、たんなる観賞や非日常的価値が評価の基準になること自体、むしろ意匠本来の意義から遠ざかることを意味する。

庭園を日常、非日常の双方でとらえ、必要に応じてどのような意匠がほどこされたのか、どのような装置としてつくりあげられ、様式ができあがっていったのかを考えたい。このようなとらえ方をしていけば庭園の見方が変わり、大名庭園への評価のあり方が変わってくるのは必然ではないだろうか。そのような観点から、大名庭園に特徴的な造形をとりあげ、他の時代にはみられない意匠と様式の要素とみて検討してみることにしよう。

2　大名庭園の特徴

泉水と芝生

大名庭園には、「泉水」がつきものである。泉水は大きければ大泉水と呼ばれ、池泉とか大池泉などと称されることもある。すなわち大きな池が大名庭園を性格づけている。戸山荘のように固有の名を付けず二つある池の一方を「上の御泉水」、他方を「御泉水」と呼んで区別する場合、あるいは、六つもある池を、北湖、西湖、南湖、芙蓉池、涵池、群鴨池など、位置によったり漢名に従って固有の名をつける（栗林園）場合もある。とにかく大きな池の存在は大名庭園の様式に欠かせない。

園内をめぐっていると突然パッと視野が開ける場所がある。その一つが池である。池の上部にはさえぎるものがない。雄大な空が広がっているだけである。広々とした景観をつくり出す装置として、池は大名庭園の大事な要素である。とくに一つの大きな池が庭園の中心となっている熊本の成趣園（水前寺公園）や彦根の玄宮園では池が庭園の主要部を占め、六義園・小石川後楽園もやはり池が中心となる。池によって広々とした景観が庭園内に生まれるのである。

雄大な広がりを感じさせる装置としては、もう一つの要素、芝生がある。芝生の広がりにも、やはりその上部をさえぎるものがない。緑の芝生の上には、青い空が広がっている。

日本の庭園で芝生が大事な役割を演じるようになるのは、やはり江戸の大名庭園が生まれてからだろう。大勢が屋外で一堂に集まれる、しかも遊興の雰囲気をつくりだせる平面が必要となったことが芝生の転機になった。

芝生そのものは万葉の歌にもあらわれるから、何らかの利用がなかったわけではない。しかし庭園の素材としてはっきり登場するとはいいがたいのである。また平安期の庭園にも芝生は大きな役割を果たしたとは思えない。芝生が得意とするのは広い平面であるが、平安期の広い屋外平面は、儀式のための空間が主体で、その場合土面かもしくは土の上に白砂が敷かれていたからである。

室町期にやってきたイエズス会の宣教師によれば、日本の庭では芝生は引き抜くものだという。ヨーロッパの人々が、芝生を育て、その上でくつろぐのを目ざすのに対して、日本人はとにかく、生えてくる芝生を育てるどころか引っこぬいてしまう（ルイス・フロイス）。彼らが観察したのはおそらく当時の京都の比較的小さな庭であり、あるいは石庭などではなかったか。築山にしても石組にしてもそこに芝生が生えると、庭としての景観が台無しになる。従来の日本庭園は、平面をおおう苔は導入しても芝生を許容することはできなかった。大名庭園がはじめて芝生の活躍できる意匠と様式をもったのである。その上で儀礼や遊興を行うのに苔は全く不向きであり、土か白砂しかない。そんな日本の庭園に芝生は行動的な空間をもつ可能性を与え、さらに上部が広々と開けた開放的な空間をも提供することになった。

芝生の広がりを感じさせる大名庭園の代表が岡山後楽園だ。旭川の中州の島につくられたためか、その単調な平坦さを芝生の広がりに置きかえることで、逆に眺望の楽しみを増やすことに転化させている。

江戸時代の庭園、とくに大名庭園によって生み出された新しい造園的視覚は「広がり」だろう。池や芝生を素材として生かした意匠が、大名庭園の「広がり」である。その効果を十分に享受するために生まれたのが回遊の行為であり、庭園様式としての回遊式はここにはじまる。

座敷にじっと座ったまま、動かずに庭園を眺めるような観賞にとっては、広がりは退屈きわまりない。だが大名庭園を回遊する中では、細い山径を抜け、うっそうと茂る森をくぐると目の前にパッと視界が開ける池や芝生は、視覚体験の大きな変化をつくり出し、回遊に驚きと楽しみを与えてくれるのである。大名庭園は、歩くことを求める。身体の動きが必要である。と同時に、また精神にも動的な刺激を与える。大名庭園の価値は、五感全体で評価されるべきものだ。

五感でためされる価値をたしかめるために、今も残る大名庭園やかつてあったが今はもうない大名庭園を、見聞記や絵図の力も借りて回遊してみることにしよう。

池でパッと開ける

小石川後楽園を最も特徴づけるのは、やはり大泉水と呼ばれる池だろう。現在、後楽園を訪れて通用門である西門から園内に一歩足を踏み入れると、春なら枝垂桜に視線が行くが、他の季節ならほとんどの場合、まず東京ドームの巨大な白い屋根が目についてしまう。しかし今は閉じられている本来の正門（東門）をくぐると、まずうっそうとした木立ちがある。これを抜け、今はない唐門を通って再び木立ちを抜けるとパッと眼前に広がるのが大泉水である。かつての後楽園への入り方は、屋敷があった正門の側からであるが、現在の後楽園では正門が閉鎖されており、唐門もないのでこうして想像力を働かせて「回遊」をはじめるしかない。

現状では、正門から入ったとしてまず視界が開けるのは、内庭の池である。ここは、御書院などと称した藩主の住いで、書院建築が並んでいた御殿の庭である。この内庭の池は大池泉より小さいが、中島の松がよく手入れされており、公園の松としては立派な枝ぶりを見せている。ここからかつて棕梠山と称した丘の小径を登ると、木の間がくれに大泉水が見える。この丘を登らず、右手、東の方角に平坦な小道をたどると突然視界が開け、大泉水が姿をあらわす。ただ、これは現在の自由な回遊の順路を述べたので、こうした行程は昔はとれなかったかもしれない。

かつての順路はどのようなものだったか、いくつか可能性がある。たとえば、さきにみた元禄十五年（一七〇二）の俳人榎本其角の訪問記では、唐門から左手、西の方角へ歩んでゆき、ほぼ主要な個所を回遊して見おえたのちに大泉水に至っている。大泉水には、その頃「長橋」と呼ばれた長大な橋がかかっており、これを渡りつつ振り返ったりしながら、大泉水周辺の雄大な景観を楽しむのが、クライマックスに用意されていた。むろんこれだけが唯一の観賞順路ではないが、どんな場合でもやはり園内随一の見ものとして大泉水が大きな役割を演じていたことは間違いないだろう。

後楽園の石

大泉水の中央には蓬萊島と呼ばれる中島があり、こんもり茂る島影を池の面に映している。この中島には対岸から見ても目立つ屏風のような平たい大石が立っている。これを現在は「徳大寺石」と呼んでいるが、文献には長橋（かつてあった）のかたわらにあると記されているから、これとは別の石にその名がつけられていたと思われる。徳大寺石の名の由来は、はじめ据えられた様子が、当主の水戸頼房の意にかなわず、造園の総監督だった徳大寺左兵衛が数日かかって思案し、据え直したところ、たいへん見事にできあがり、藩主も満足されたので、この名が生まれたという。

さきに紹介したように『後楽園紀事』には、桂昌院御成の際、歩行安全のため大石奇岩を取り除いたとの記述がある。この記述の論理に従えば、中島の石は歩行に支障がないから取り除く必要はなかったはずである。しかし享保年間（一七一六～三六）に庭園の改造があり、島に生える樹木が整理され、奇石が取り除かれたという。こちらの記録に従うなら、中島の大石奇岩は十八世紀初頭、元禄の桂昌院御成以後も、一七一〇年代末の頃までは保存されていたことになる。

園内の石をめぐる逸話がいくつか残っていることは、後楽園の庭園は、回遊しながら目につく景観として石が大きな役割を担っていたことを想像させる。現在でも、後楽園は現存する他の大名庭園に比べて、石そのものやその配置に特色が強くあらわれていると思う。園路の各所に見られる太湖石（中国の太湖に多く産する石灰岩で、溶解してでこぼこした奇形をみせる）ふうの石、あるいは傾斜地につけられた園路沿いの石組などに他の大名庭園の景観との違いがはっきり出ている。

とくに太湖石風の石の存在は、後楽園が水戸光圀の時に朱舜水の助言をうけて、全体として中国趣味豊かに造形されたことに無関係ではないだろう。真偽は定かではないが、朱舜水みずから指図したという円月橋の存在、さらに各所に福禄堂、得仁堂、八卦堂（現在の八角堂跡）、西湖堤などと命名されている施設が見られること、これは儒教精神といった厳格な中国理解よりは、ゆるやかな好みでもある中国趣味の反映だと考えるのが適当だろう。とくに西湖堤は、中国杭州の西湖の堤を模したということで名高くなり、後楽園のものが模範となって、その後ほかの大名の庭園でも、好んで用いられるようになったといわれる。この説が確かだとの証拠はないが、回遊の目を楽しませ、話題を提供する園内の造形要素として注目されたことは間違いない。

「使う」庭

一方、この庭園は、中国趣味一色で塗りつぶされたわけではなかった。西行堂、小町塚と名づけられた構造物や、京都の嵐山を流れる大堰（井）川、そこにかかる渡月橋、同じく京都の東福寺にある通天橋、清水寺を模した建物も園内各所に設けられていた。したがって、中国趣味以外に、和歌とむすびついたり、また京都の名所を模したり、という和風イメージの造景も備えている。和漢を折衷させるというよりは、和漢が共存する庭園であった。

しかしこれらの和漢のイメージをもった造形は、それ自身、厳密な観賞物として見つめられる性格のものではなかった。それまでの造園、とくに鎌倉・室町時代の、石組に特色をもつ庭園では、一つの造形、一つの意匠がきびしく見つめられ、また主な観賞の対象となる。しかし大名庭園の場合、一つ一つの造形物・意匠は、園内の点景、添景というべきものである。それらは皆、一つ一つが強い自己主張をしようとしない。大名庭園全体にとっての添景であり、回遊の先ざきに現れる点景なのである。

「見る」だけでなく「使う」庭として、「使う」機能を、より高めるために個々の造形物は存在している。龍居松之助が述べた「実用」の性格をもっている。したがって、一つ一つの造形物を芸術的価値、観賞的価値に照らして点検してゆくと、荒っぽく粗雑な造形だとの印象を受ける場合が少なくない。しかしそれこそ、大名庭園の「使う」庭としての性格から生まれるものなのである。

六義園の場合は、和歌の庭の性格をもっているため、後楽園とはやはり違って暗く厳格ではない、やわらかで、明るい印象を受ける。もちろん現在の六義園は、明治の岩崎家所有の時代を経て、ずいぶん変形をうけているとはいえる。しかしその全体の性格は、やはり後楽園よりもおだやかだ。

各所各景物につけられた名称自体、和歌にちなむやわらかな名である。「心泉《こころのいずみ》」「心橋《こころのはし》」「玉藻磯《たまものいそ》」「夕日岡《ゆうひのおか》」「裾野梅《すそのうめ》」「片男《かたお》波《なみ》」「尋芳径《はなとうこみち》」……。もちろん「尋芳径《じんぽうけい》」などと読んだこともあったろうが、全体として回遊によって和歌の世界の気分にひたれるような造園が意図されていた。

ただし、六義園への桂昌院の御成からわかるように、この庭園がもつ機能は、回遊だけではない。茶亭での飲食や園内に設けられた模擬店での買物、農民や商人を演じる家人たちとのやりとりなど、遊興が大事なのである。回遊の際には観賞の対象となり、見るための存在になるものが、とりたてて見つめられることがなければ遊興の背景となり、社交・宴会の雰囲気を充実させる装置となる。

庭園は「観賞」してはいけない

我々は、庭園をどうしても観賞してしまう。また、芝生に入ってはいけない、植込みに入ってはいけない、池や川には柵があって、気をつけろという立札があるのをあたりまえのことと受けとめ、そこで飲み食いし、どんちゃんさわぐなどもってのほかと思って、ただ見てまわるだけにおわってしまう。たとえ思っていなくても、庭園を意のままに宴会場として使うことなど頭にまず浮かばない。

そこで庭園は見るものだ、観賞するものだと当然のように思って庭園を回る。回遊式とはいいながら、「回」りはするが「遊」んではいない。本来の回遊式庭園を体験しようにも現在ではもう不可能なのかもしれない。

そんな現状の中で、大名庭園を評価する仕方はどうしても一面的になる。ただ見るだけの体験から評価を下してしまう。大名庭園を視覚による観賞のみから価値判断するのは、はじめから間違ったやり方なのだ。だが、たとえ観賞の面、意匠や様式の視覚体験からのみ大名庭園をみたとしても、やはりその特色は、庭園史の上でも生彩を放つものだと思う。

まず大名庭園の印象は、俗な表現ではあるが「のびやか」といってよいだろう。さきにふれたように大きな池の存在や芝生の広がりから生みだされるのびやかさである。

それはとくに浜離宮《はまりきゆう》や芝離宮《しばりきゆう》など海辺に生まれた大名庭園で、はっきり感じることができる。これらは潮入りの庭などと呼ばれ、海辺に位置するゆえに、海水の出入りする広い池をもち、周辺を広く見渡せる眺望の開けた庭園だった。潮入りの庭は、江戸の大名庭園が生んだ日本庭園史上前例のない様式だった。

3 浜離宮と芝離宮

将軍家別邸

その潮入りの庭の代表的なものである浜離宮庭園の意匠と様式を、庭園造成の歴史とともにさぐってみよう。

浜離宮庭園の歴史は、四代将軍家綱の弟、綱重《つなしげ》が、「海手屋敷」としてこの地を与えられたことに始まる。綱重は同時に「山手屋敷」として根津にも邸地を与えられ、また翌年には、狸穴《まみあな》と青山にも邸地を得ている。綱重は家綱のすぐ下の弟で、三番目がのちの五代将軍綱吉である。ちなみに綱吉（当時は徳松の名だった）は、兄と同時に「山手屋敷」を与えられ、これは小石川御殿と呼ばれた、のちの小石川薬園の地である。

さて綱重が手にした「海手屋敷」は、かつては一面に「蘆《あし》」が生える浜辺であり、将軍の鷹狩の場だった。江戸の景観をうかがうことができる最も古い地図の一つである「豊嶋郡江戸庄図」の、のちの「海手屋敷」にあたる地には、「芦」の群生の中に「御鷹場」と書き込まれている。その後埋立てが進み、各藩に下賜される邸地が造成され、その一画が

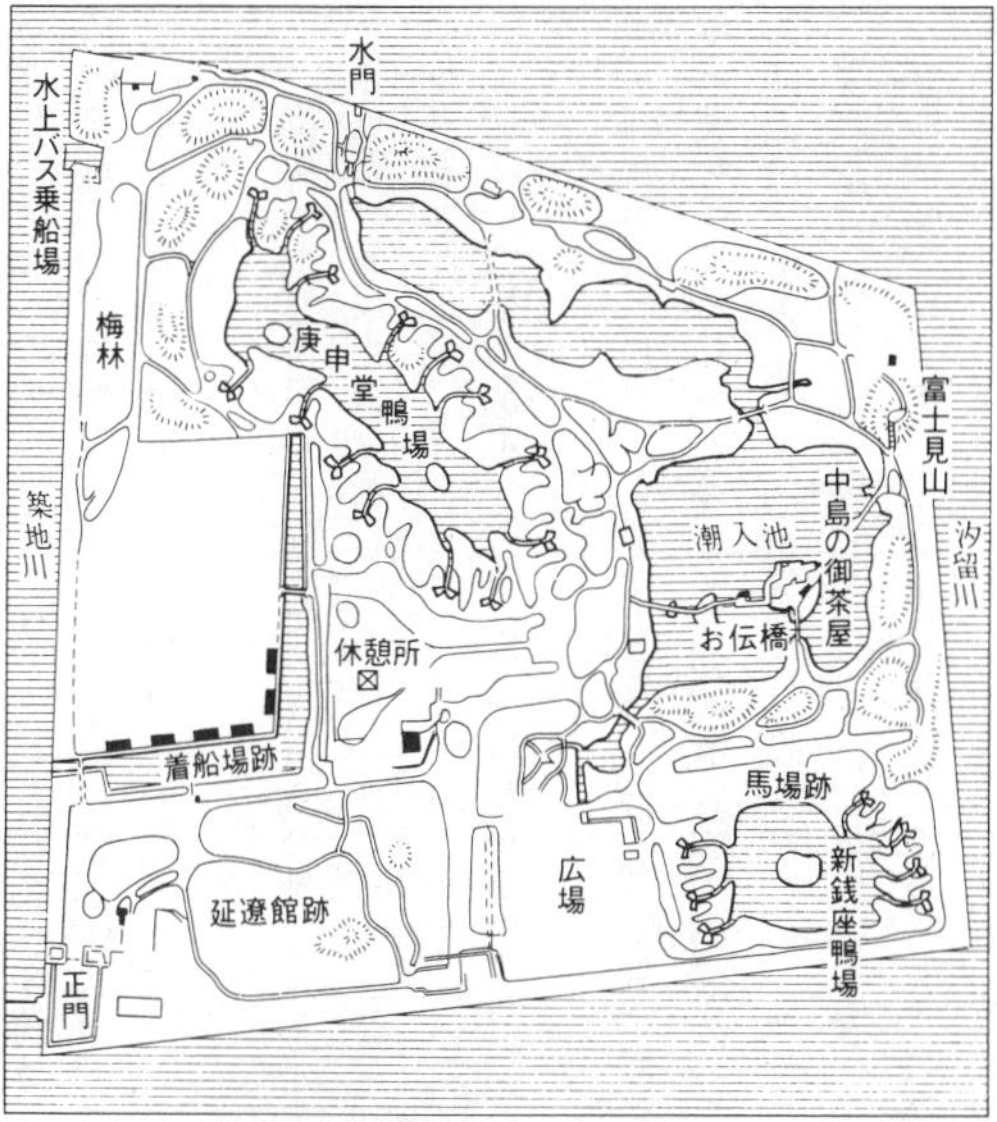

浜離宮現状平面図

浜離宮
潮入りの庭
（大正期）

綱重に与えられたのだった。すぐそばに迫る海を庭園にどのように組み込むか、当初から考えられたかどうかははっきりしない。造園が行なわれ、「浜」の名があらわれる最初は、寛文九年（一六六九）の記録である。

浜御屋敷御作事奉行仕候付、御ほうび被レ下覚
銀五枚　反町武兵衛
同三枚　玄斎
是は、御築山泉水、同所にて奉行仕付被レ下也。（「甲府日記」）

反町武兵衛、および玄斎なる者が、「浜御屋敷」に築山や泉水をつくりあげた功によって褒美を与えられている。のちの浜離宮庭園の最初の造園は、この時生まれたようだ。この庭園は、綱重から子の綱豊にうけつがれ、宝永元年（一七〇四）まで「甲府宰相」の「浜御屋敷」だった。「甲府宰相」とは、綱重が甲斐二十五万石の大名であったことによる。宝永元年、綱重の子綱豊《つなとよ》は将軍の世子（跡つぎ）に迎えられ、家宣《いえのぶ》と名乗る。家宣が綱吉の世子とされ、江戸城に移ったときから浜御屋敷は将軍家別邸の性格をもった。そして、綱吉はここの大改造を実施する。その性格は、一つには江戸湾に面していることから江戸の海上の防備に対応する軍事装置としてである。他の大名庭園と同じく、射場や馬場が設

けられていたほか、軍船が係留できる船着場や警戒のため江戸湾を見渡せるような望楼もつくられていたようだ。そしてもう一つが別荘の庭園としての園遊の場の性格だった。工事は宝永四年(一七〇七)に始まり、翌年に一応の完了をみたようだ。

潮入りの庭

このときできたのが、中島の茶屋、海手茶屋、清水の茶屋の三つの茶屋である。このほか、観音堂、庚申堂《こうしんどう》、大手門、大手門橋なども設けられた。やはり茶事が行える庭園、あるいは饗宴をもりあげることができるような庭園である。潮入りの池が、このときすでにつくられたかどうかは確認はできない。しかしのちにとりあげる芝離宮庭園がこのすぐ近くにあり、そこでは貞享年間(一六八四〜八八)の初めのころには、潮入りの池が設けられたとみなしてよい記録がみられる。したがって、芝離宮が当時の老中大久保忠朝《ただとも》の別邸であったことを考えると、将軍の別邸に潮入りの手法をとりいれた池があってもおかしくはないのである。

海辺の敷地に庭園をつくり、池を掘る行為がなされれば、必要な水面を確保するための水をどうするか、おのずと合理的な選択は決まってくる。このような立地では塩分を完全に防いだ水で池をつくることは至難の技であり、潮の干満をうまく取入れて水面をつくりだす方が容易であり、必然的な造園手法だった。

宝永六年（一七〇九）、綱吉の死去によって家宣は第六代将軍となり、甲府宰相の浜御屋敷は、正式に将軍家の別邸とされ、「浜御殿」の名で明治まで続くことになる。その間、歴代将軍によって別邸浜御殿にはさまざまな改造が加えられた。

浜辺、とくに埋立地に生まれた潮入りの池をもつ庭園は、その立地から当然平坦な景観を呈する。庭園の築山は、ほとんどの場合、池を掘り上げた土を盛ってつくられるから、その土量に見合った程度の丘にしかならない。少々起伏が生まれたとしても、やはり広々とした平坦な雰囲気は残る。こんな立地に条件づけられた改造が、その後の浜御殿には加えられた。

その改造は、将軍自身の休息、遊興に合わせたものでもあったが、江戸の将軍家を訪れる京都の公家達の接待の場を整えるためでもあった。将軍別邸であることによって、武家と公家が饗宴をともにする場という他の庭園にはみられない独特の性格も生まれた。潮入りの池を備え、ひろびろとした景観をもつ浜御殿は、公家の接待にも効果的な装置だったと思われる。

独特の景観

家宣が将軍になった翌年、宝永七年（一七一〇）九月二十三日、江戸に下ってきた朝廷の勅使たちが浜御殿で接待をうけた記録がある。中心になる大池、大泉水の中心にある中島の茶屋での饗応、そして大泉水を眺めながら和歌を詠み、またここに船を浮かべて遊覧する。平坦で見晴らしのよい景観の中で行なわれる宴会は、山あり谷ありの庭園で行なわれる茶事とは、ずいぶん趣きが異なっていたことだろう。

海辺にある浜離宮の庭園景観は、川べりにある桂離宮の庭園景観とは、水とのかかわり、周囲の景観とのつながりで似通ったものがある。全体として平坦で明るく、広々とした雰囲気をもっている。そこで行なわれる遊興が似通ったものになることは予想できる。けれどもやはり、海べりと川べりとでは、おのずと異なる景観と遊興が生まれる。

家宣は、将軍になってわずか四ヵ月後に、浜御殿を訪れている。かつて住んでいた自邸であるが、今度は将軍としての「御成」である。その際、徒士《かち》たちの水泳（水練）を見て、その後鷹狩を行い、また幕府の艦船の観閲式を兼ねて、漕船を担当するいわば海軍・水軍である「船手方」の閲兵式も行っている。一方で堅苦しい閲艦、閲兵式も、しかし他方では宴でもある。飾りたてられた船に、とりどりの装束をつけた「船手方」が乗り込み、浜御殿前の海面を漕ぎめぐる。茶屋では、老中をはじめ諸臣から贈られた鯛などの献上品が並べられ饗宴が行なわれた。これは家宣の将軍襲職を祝う雅宴でもあった。

川べりの桂離宮とはちがう海べりの浜御殿ならではの催しが行なわれている。そして潮の干満を利用して池の水位を変化させることができる潮入りの池の景観は、他の庭園にはないものだった。京都から訪れる公家たちにはとくに珍しい体験となったろう。

どんどん釣れる

珍しい体験といえば、釣りもこの庭園ならではのものとして挙げることができる。どんな庭でもちょっとした池がありさえすれば、釣りはできるが、浜御殿では、淡水魚ではなく海水と淡水の混じる汽水に棲む魚が釣れる。しかも浜御殿には、泉水の各所にちゃんとそのための釣台《つりだい》が用意されていた。

京都から下向する公家たちも、珍しい釣りを楽しんだと思われるが、ここではくわしい記録が残っている文政九年（一八二六）の、釣りの楽しみをみてみよう。それは将軍家斉の正室繁子が浜御殿を訪れたときのことである。

駕籠に乗って到着した一行は、まず中島の茶屋で休息をとった。その後、一行は庭園めぐり、つまり回遊を行うのだが、その途中で釣りも体験するのである。奥女中たちが、あちこちの釣台から釣り糸を垂れ、繁子（御台様）も釣りを楽しんだ。お付きの者に竿の扱いを教わって釣り糸を垂れた繁子の竿に、次々と魚がかかった。

鷹狩のときもそうだが、ちゃんと獲物がかかるように周囲の者は万全の準備をしておくものだ。どんどん魚が釣れるようにするには前もってどんな準備をしておくのだろうか。周囲の者の気苦労、下準備は大へんなものだったろうが、とにかく繁子は、魚が次々にかかるものだからおもしろくてしかたがない。そこで、昼食の時刻になってもやめたくないと言い出すほどであったという。

魚釣りは、浜御殿での遊興の特色になっていたのかもしれない。幕末の勘定奉行川路《かわじ》聖謨《としあきら》も、浜御殿に招かれ、釣りを楽しんでいる。

天保八年（一八三七）八月三日、川路は馬で到着。大手門で下乗し、「馬見所」の脇にできた新しい建物に入った。馬見所があるのは馬場があるからであり、浜御殿にも他の大名庭園と同じく、馬の調練を行う馬場が備わっていた。その建物で、目付が料理の注文を聞く。やがて料理が出され、酒も出された。

御料理御飯共至て結構也。（『遊芸園随筆』）

川路は食膳に大満足し、ついで中島の茶屋に移った。ここを中心に大勢で饗宴が行なわれている。音曲、舞いを鑑賞し、川路自身も命ぜられて舞いを披露した。その後、中島の茶屋の対岸で、川路は釣りをした。しばらくのちに、もっとよく釣れる所を案内しようとの申し出に従い「塩浜」のあたりに移ったところ、ボラ一匹とスバシリ一匹を釣りあげたという。

スポーツを楽しむ

釣りは浜御殿の園遊の一つになっている。かつては茶事のほか、鷹狩や馬場での乗馬、あるいは鳥猟などが行なわれた庭園に、浜御殿では釣りが加わっている。

これらは今でいうならスポーツだろう。大名庭園の初期の頃の主要な行事である茶事、とくに目立った儀礼の性格を強く残す茶事が減少してゆき、宴会の機能が強まるとともにスポーツ風の楽しみが新たに加わる。そしてそれも放鷹や乗馬といった激しい運動は影が薄くなり、鳥猟、とくに網で捕る鴨猟や釣りなど、あまり身体を動かさなくてすむスポーツが入ってくる。とくに魚釣りは、奥女中たちも楽しめる気楽なスポーツだった。こんな軽快な「スポーツ」を楽しめる庭園として浜御殿は、新しい感覚で受止められる庭園だったろう。

むろん茶事を行なうことも可能だが、浜御殿の性格は、その広々とした景観と潮入りの池の動的な雰囲気とともに、軽快で明るいものと受止められたはずである。

そんな性格が徹底されたのは、さきの釣りを楽しんだ繁子の時代の将軍十一代家斉の時代だった。家斉は、鷹狩と組合わせた戸山荘への御成を楽しんだ将軍としてこれもさきに紹介したが、じっさい「園癖」「宴癖」将軍だった。浜御殿の整備についても、記録が多く残っており、在職五十年という長期にわたる将軍であったことを差し引いてもその造園・饗宴への関心は、まちがいなく強かった。浜御殿ではすでにあった茶屋に加えて、燕の茶屋、松の茶屋、藁葺の茶屋などが家斉の時代につくられた。さらに、もっと簡易な茶亭だろうと思われる、御亭山《おちんやま》腰掛、松原の腰掛、五番堀腰掛なども家斉の代に設けられた。回遊による庭園の楽しみがよりいっそう求められるようになった反映といえるだろう。また、すでに一ヵ所あった鴨場（新銭座鴨場）に加えて、新たに鴨場（こちらは庚申堂鴨場と称す）を設けたのも家斉だった。家斉は浜御殿をずいぶん好んでいたようだ。家斉の浜御殿御成は、九十回を越す。

家斉をさかのぼること、およそ八十年。浜御殿以前の「甲府宰相浜御屋敷」時代からの主といってよい家宣もわずか四年間の将軍であったが、その間に十回以上も浜御殿への御成を行なっており、一方、京都から江戸を訪れる公家たちへの浜御殿を使った接待も同じくらいの回数に及んだ。

のち明治政府の所有となった浜御殿（浜離宮）は鹿鳴館誕生以前、外国人賓客の接待場にされた。そんな迎賓施設としての性格は、すでに徳川の時代、しかも浜御殿が整備されたはるか初期の頃から生まれていたのである。

芝離宮

浜離宮と並んで今も残る海辺の大名庭園が芝離宮（楽寿園《らくじゅえん》と称した）である。四代将軍家綱の老中、大久保忠朝《ただとも》が拝領した屋敷地に端を発するこの庭園には、早い時期に海水が出入りする潮入りの池ができていた。というのは、忠朝が邸地を得た延宝六年（一六七八）から八年後に記された「楽寿園記」に潮入りの造成がなされたらしい記述があらわれるからである。庭園命名の由来とその景観を述べたこの園記の筆者は菊潭。儒者木下順庵の第二子、木下平三郎である。加賀藩に仕え、のち第五代将軍綱吉に直接儒学を講じる侍講であった高名な父に比べれば知名度は低いが、この園記が記される経緯に綱吉がかかわっていることを推測させる。この庭園も当初から強く将軍家がかかわっていたと考えてよい。

その「楽寿園記」に、

潮退汐進小嬴大至之候不可察焉

と出る。「潮が引き、汐が進み、小さな波が大きく押し寄せてくるので、その変化の激しさは察しがたい」と記されており、池が潮入りになっていて、引き潮満ち潮に応じて水面が大小の変化を見せる。つまりこの庭園は、遅くともこの園記が書かれた貞享三年（一六八六）には潮入りの庭園だったことがわかる。

芝離宮は、主《あるじ》が六度も変わった。最初が老中大久保忠朝、二番目が堀田家（文政元年＝一八一八からわずか二年程）、つづいて三番目が御三卿の一つ清水家、四番目が紀州徳川家、そして五番目は幕府が倒れて明治になり有栖川宮家、六番目が天皇であり、ここで皇室の離宮とされ「芝離宮」と呼ばれるようになる。六度も所有者が変わったにもかかわらず、その邸地の規模は、初期の大久保時代からほとんど変わらず、庭園内の景観の構成も基本的に変わらなかったようだ。しかもその大久保時代が一六七八年から一八一八年まで百四十年間にも及ぶ。

面積は、大久保忠朝が与えられたとき、一万坪強である。その後海手、東側の埋立て地が加えられ一万二千坪。その後、近隣の屋敷地等も加えられ、一万三千五百坪ほどで、これが現在とほとんど同じである。さらにのちには、周囲をとりまく水路の埋立てなどで面積がもう少し増え、明治の芝離宮時代には一万五千坪あまりになっていた。それが昭和三十七年（一九六二）東海道新幹線用地として千五百坪程を失ったので、大久保氏の時代と現在とはほとんど面積が同じなのである。

一万三千五百坪（大まかに四万五千平方メートル）は、大名庭園としては、とりたてて大きくない。むしろ小さな大名庭園といってよい。近くの浜離宮庭園と比べても三分の一ほどである。また六義園の四分の一、小石川後楽園と比べれば五分の一になる。しかし芝離宮は、大名庭園として必要なほとんどすべての装置を備えており、しかも回遊式庭園の雰囲気がじつにつかまえやすい典型的な姿をもっている。回遊のことを考える場合に、芝離宮はじつに手ごろで、またわかりやすい姿をしている。

写真を見れば、すぐに感じてもらえると思うが、とにかく水面が大きく、それが園の中心部ほとんどを占めている。さらにそのすぐ周囲をぐるりと園路が取り巻く。余分な解説をしなくとも、「なるほど回遊式とはよく言ったものだ」と納得されるはずだ。

中島と橋

池の周囲のみでなく中島に渡り、中島からさらに対岸に至ることができる園路が、橋に助けられてちゃんとつくられている。中島を経由して対岸に渡れる。つまり中島に二本の橋が架かっている大名庭園の例はすくない。浜離宮もそんな数少ない例の一つで、大泉水の中島へは三方から橋が架かっている。小石川後楽園には中島を経由するのではなく、池の少しくびれた個所に「長橋」と称する長大な橋がかつて設けられていた。それがいつか消えてしまった。老朽化してくずれたか地震や洪水などで失われたとしても、もし庭園の利用上必要であるなら、まちがいなく再建されたことだろう。ところが再建はなかった。

芝離宮や浜離宮に、中島へ渡る橋が二本あるいはそれ以上設けられ、それが今も残っているのは、潮入りの池によるものだろう。橋は、潮入りの庭にとって池を眺め、周辺の景観を見わたすために必須の装置であるらしい。また、潮の干満による池の水位と、それによる景観の変化をよりよく眺め楽しめる装置にもなっている。

そんな視覚の楽しみをつくりだす小道具の一つが浮灯籠だろう。かつてあった浮灯籠は、

芝離宮　回遊式庭園

池中の岸に近いところに立っていて、絵図に残る姿をみるかぎりではその竿は並みの石灯籠より少し長かったようだ。潮位が上がると灯籠はかなり水没して、火袋から上が浮いているように見え、干潮のときは長い竿が姿をあらわし、すらりと長い灯籠になる。灯籠はその姿・形を見るだけでも楽しみになるのだが、また別に潮位計にもなっている。しかし目盛りの入った無粋な装置ではなく、園内の添景・点景になるものだった。もっとも現在では、芝離宮は海から完全に切り離され、潮入りの池は幻のものになっている。

江戸の発明

芝離宮の庭園はこう考えると、じつに完成された回遊式庭園だと思える。回遊式の頂点をきわめた庭園に見えてくる。しかしこの解釈は、回遊を全く視覚の領域のみに閉じ込める発想にしばられている。庭園を視覚で体験されるものに限る、狭い庭園観によるものだ。回遊とは、目の回遊に限らないのである。じっさい芝離宮庭園には、今でこそまともな茶屋建物はないが、かつてはビイドロ茶屋をはじめいくつかの茶亭があった。馬場もあったし、弓を射る射場もあった。浜離宮の三分の一程度の面積ながら、一時はちゃんと鴨場もあったようだ。大名庭園に必要な装置はみな揃っていた。それはたんに見物してまわるだけの視覚「回遊」式庭園ではなく、「スポーツ」も含む各種の遊興が楽しめる場だったのである。

潮入りの庭は、江戸の大名庭園が生みだした造園の手法である。それまでのどの時代の庭園にもみられず、また他の地域にないものだ。江戸時代の、そして海辺へも向かう江戸の都市化の中で編み出された手法だった。もちろん京都の庭園には全くみられない手法であった。また、海水を城の堀にとり入れた玉藻城をもつ高松藩も、別荘の庭園としては山辺の栗林公園を持ちながら海辺を庭園として開発しなかった。

潮入りの庭は全く江戸の発明といってよい。そしてこの形式こそ庭園をもっぱら視覚から観賞する姿勢を生みだす母体となった造園様式だと思われる。芝離宮の景観を見ていると、じつに視覚の回遊を求めている庭園ではないかと思えてくるのである。

大名屋敷に生まれた庭園は、茶事の場の性格が強かった初期から、それなりに回遊の機能を備えた庭園ではあった。しかし江戸湾の海べりに生まれた潮入りの庭こそ、回遊式庭園の性格をもっとも強烈にうちだし、またその回遊の欲求を視覚体験に向けさせる力をもっていたのではないか。

4 もう一つの潮入りの庭

浴恩園

潮入りの庭は、江戸の後期にはかなりの数で生まれていたと想像される。その中でも記録に残され、またよく人に知られていたのは松平定信がつくった浴恩園だった（カラー口絵参照）。

その浴恩園は今、あとかたもない。浴恩園があったのは、現在の東京中央卸売市場のあたり。いわゆる築地の魚市場、水産加工場が並ぶ地区である。

松平定信が築地に邸地を与えられたのは、寛政四年（一七九二）のことである。面積はおよそ二万坪あった。この庭園も、のちに描かれた図面にみるかぎり、中心に大きな池をもっている。地割りの印象からいうと芝離宮にきわめてよく似た庭園だった。面積にしても芝離宮より広いとはいえ、浜離宮の二分の一ほどである。やはり池が中央に位置し、しかも大面積を占め、景観上の主役になっている点で芝離宮と並べて論じるべき庭園だろう。

浴恩園の造園は、定信が邸地を与えられてから二年程度のうちにほぼ整っていたと思われる。儒者柴邦彦（柴野邦彦）が寛政六年（一七九四）に書いた浴恩園の風致・名所を記す園記が存在するからである。工事は大変早かったといってよい。たしかにこの園では、大規模な築山を築いたり、滝石組を組んだりの工事が見当らない感じがする。そこで、おのずと浴恩園の造成はあまり時間を要しないものとなった。もちろんこの園は、すでに寛永のころ（一六二四～四四）に、三代将軍家光の老中稲葉美濃守によって造園が行なわれていたといわれる。さらにその後、御三卿の一橋家の下屋敷になっていた。一橋家では、ここを鷹場として扱っていたので、庭園の風致は損傷を受けたとの説があるが、これもまた後世の自己肯定を割引いて読まねばならない。ともかくすでに庭園とされていた地所であるから、旧来の地形を生かす場合は、一から造園工事を起すよりもずっと短期間に工事を終えることができただろう。

邸地を拝領してから二年後、記された園記には、園内諸設備の解説はないが、園の命名がもうあったことはわかる。将軍から賜ったところであるから、将軍の恩波に沐浴する、との意味で浴恩園と命名された。翌寛政七年（一七九五）の年記が入る、園内の施設を記した文では「秋風亭」「春風館」「賜ヵ山」「遊仙亭」「望岳亭」「知艱亭」「澹（淡）然斎」「講武道」「咸故亭」「柳湾倉」「寂然亭」の名があり、十ヵ所あまりの建物の名が挙げられ、その機能と命名の意図が説明されている。「亭」と名づけられているのが茶亭だとするとすでに六ヵ所は設けられていた。澹然斎とは、定信の読書のための建物とそれをとりまく庭に名付けられたものであり、柳湾倉は、土蔵づくりの倉に付けられた雅名である。火事を筆頭とする江戸の都市災害に備えた防火と緊急物資の保管のための装置にまで雅名が与えられていた。観賞のためではない実用の装置もまた、観賞の側にひきよせて、たんなる実用の装置を越えた役割がもたせられている。大名庭園の観念的でない造園思想がこんなところにもあらわれている。

けれども全体としてこの園は、もはやかつてのような茶事の庭園の性格を持たず、観賞中心の庭園になっている雰囲気である。

五十一勝

文化九年（一八一二）松平定信は、政務をはなれ、家督を譲り、引退して浴恩園に住うことになる。このとき園内の景観を五十一ヵ所選定して「五十一勝」と称し、和漢二とおりの名をつけた。そしてそれぞれに当時の著名な文人に依頼して詩をつくらせた。和歌は、幕府の歌学者である北村季文に、全面的に委嘱したものである。その命名を見ると（カッコ内は漢名）「千とせの浜（松濤汧）」「千代の岩橋（石梁）」「衣笠柳《きぬがさ》（自然繖）」「有明の浦（餞月汀）」など、ほとんどが水にかかわる景観からなっている。「浜」「橋」「柳」「浦」

「淵」「池」「崎」「堤」など、大部分は、この庭園の第一の特徴である潮入りの池に関係する命名である。浴恩園において、いかに池が大きな役割を果たしているかがわかる。そしてそれが「五十一勝」として眺め、観賞する風景に位置づけられているのである。

これら五十一勝の場所には、すべて和漢両方の名と詩歌を刻んだ石柱の碑が建てられた。それは長さ二尺余り（約七十センチメートル）、幅二寸八分（約十センチメートル）の角柱だった。和漢名は定信の筆、和歌はすべて北村季文の、そして漢詩は各作者の自書によるという。

天保十三年（一八四二）に描かれた「浴恩園御在時之図」と題する絵図が残されている（カラー口絵参照）。かつて松平定信の家臣であった津田茲楘なる人物が、今はもうない浴恩園が忘れ去られるのを惜しんで、往時の記憶にもとづいて描いたものだ。この図には、各所に石の角柱が描かれ、横に碑名が書かれていて、こんな石柱の碑がたしかに建っていた様子がわかる。この図を案内にたてて、天保十三年当時にももう見られなかった浴恩園の回遊を試みてみよう。

浴恩園を歩く

この園の入口は、他の大名庭園、とくに戸山荘のような大庭園がいくつかの裏門、裏木戸を備えていたのとは違って一つ。もちろん屋敷御殿への正式な門は別にあるが（御屋敷御門）そのすぐ脇に、ひなびた風をみせる門があり、庭園をめぐる場合は、これ一つが入口となる。木の皮がついたままの丸木の門で、その脇の塀は、薄板を網代《あじろ》に編んだ簡素なものだ。わび住いの感じを出す趣向と思える。

入ってすぐの広場に、針葉樹、花木などの盆栽が十鉢ほど並べられている。この広場から潮入りの池が見渡せる。深く薄暗い樹林を抜けると目の前に大泉水が広がっている様式ではない。入ればいきなり、広々とした池が目にとび込んでくる。

この広場は屋敷建物にも接しているから、客用のみの空間ではなく家人たちの日常の用にも供されるものだ。大きな岩を背に的《まと》が設けられ「御晩年、日々歴的を射給う」と記されている。松平定信が射的を行っていたところらしい。池の岸に「御船召場」とあり、池をめぐる船の発着場がここに設けられている。船での庭園回遊をしようとするなら、入園してただちに船での回遊に移ることができる。かたわらに石壇で正方形に縁どりされた芝生の平面があって、「楽舞台」と記されている。能などの舞いが行なわれる屋外舞台である。したがって広場の機能も、屋外での催し物を楽しむ場として位置づけられている。「千世の石橋」と称する自然石の大きな橋が流れの上にかかり、「玄笠柳」が枝を垂らしている。

この広場の岸辺に「露台」と記された四角の台が組まれている。門の脇の塀と同じく木の薄板で編んだ網代の面が描かれているこの「露台」には、階段がついていて、直方体を立てたようなこの台の上に登ることができる。上面には赤いもうせんが描かれているから、下で草履を脱いでから上がるのだろう。これは、全園を見渡すための展望台らしい。網代編みのパネルのようなものを四面にして、どうやら必要な時に組み立てられる簡易展望台と思われる。だから、高さはどう高く見積っても三〜四メートルだろう。この程度、高く上れば全園が見渡せるとすれば、やはり浴恩園は、ずいぶん平坦な庭園ということになる。船による回遊と展望台からの見晴らしにかなう庭園。潮入りの池をもった海辺の大名庭園が、いかに広々とした視界と各所をめぐる回遊を基調にしていたかがうかがえる。

露台考

わき道にそれるかもしれないが露台について少しふれておきたい。ここにみられるような一種のプレハブ式の折りたたみ簡易展望台は、他の大名庭園にもあっただろうか。かなりの庭園図面を見たつもりだが、今のところこれ一つしか私が見つけたものはない。ただ気になる構造物が、芝離宮庭園（楽寿園）に現在残されている。「駒つなぎの石」と呼ばれている石柱がそれである。石の角柱が四本立っているのだが、これまで何の目的で立てられたのか謎とされてきた。馬場の近くにあり、石に穴があいているから馬をつないだのではないかという説が有力で、そのため、駒つなぎの石で一応納得されてきたものだ。けれども馬を馬場に引いてゆく通路とは別の方角にあるなど、この説にも納得しがたいところが多いと言われてきた。かつての茶亭の基礎構造物ではないか、あるいは社殿のような宗教的施設の基礎部分、もしくは観測塔や目印のための標識塔などと関係しはしないか、いろいろの説がもちだされてきた（『旧芝離宮庭園』）。楽寿園が紀州清水家の所有であった時代に、この園内に砲台が設けられていたから、砲撃の照準を指示したり着弾を確かめたりする観測塔説が出てきたようだが、これが機能としては私の説に比較的近い。しかし目的はキナくさいものではなく、じつにのんびりした太平のものというのが私の考えだ。つまり見晴らし、展望のための露台説である。

この石柱は、浴恩園図にみられるような露台を組みたてる四隅の基礎だったと思う。穴があけられているのは、丸太を通したり、綱でパネル板をしっかり結んで露台を組みたてるために必要なものだったのではないか。網代編みの板では強度に欠けるし、風が強かったりすればずいぶん不安定な展望台になるだろう。四本の石柱は、露台が組まれていない場合でもそれほど目立たない。赤いもうせんを敷くような上品な露台は、もともと耐久性に欠ける。雨ざらし、日ざらしにするわけにはゆかない。そこで簡易折りたたみ方式が生まれたとも考えられるが、いざ組立てるとき、その位置を設定し、強度を確保するためには目印となり、しかも強固な石柱が役立った。浴恩園図では内部がのぞけないから断定はできないが、内側の四隅に石柱が立っていたはずである。

露台が展望台として意味をもつのは、やはり平坦な庭園であり、そして眺望が庭園に期待されている場合である。庭園内での展望台の出現は、庭園に期待されるものが視覚的なものであり、しかも遠くまで見渡せる庭園が生まれたこととつながっている。広がりを感得でき、また見まわすことの楽しみが庭園の役割として大きく期待されるようになったあかしであろう。

入ってすぐの所に露台があるからといって、園内を回遊する前にまず全園を眺めまわすのが庭園観賞の決まりだったとはいえない。一周してきたのち、もう一度園内各所の景観を反すうするために露台に登ってもかまわない。露台は自由な使い方が可能だった。とはいえそれが眺めまわすという視覚上の楽しみにあわせて生まれたことは十分想像できる。この露台は、かつての大名庭園がもっていた茶事や儀礼、饗宴の機能などに、直接役立てるための施設ではなかった。露台は、大名庭園が回遊と観賞に機能を突出させてきたことを示す指標でもある。観賞のなかでもとくに、視覚上の観賞、一点から周囲をながめまわす眺望が大きな位置を占めるようになった大名庭園の変遷の一つの指標なのである。

「見もの」をつくる

一点からの眺望は、各所をめぐる回遊とじつは表裏一体の体験というべきだろう。回遊という庭園の体験行為にも浴恩園はきわめて多くの献立てを用意している。さきの広場からすぐ目の前にみえる水面には二つの島が並んでおり、一つはときわ島、もう一つがかきわ島である。六義園にもある、常盤《ときわ》・堅盤《かきわ》の二つの山の命名と同じ発想による。けれどもここには、八丈島産と伊予の産というソテツの大きな株がそれぞれの島に植えられていて、これらが見ものになっている点が重要である。たんに和歌の約束ごとや儒教倫理からの「見立て」ではなく、視覚を楽しませ、既存の知識を驚かせる珍しい、あるいは奇異な「見もの」が重視されている。

その点でいえば、この園の浜辺を模した部分は、各地の名松の見本園のようになっている。「白河の関」「奈古その関」あるいは「須磨の後山」「芦屋の里」などと名づけられた松が並んでいる。「唐崎の産」と記されているから琵琶湖岸、唐崎の松の種子か苗から育てられたらしい松もある。これらはじっさいその地の松の子孫というより（そんな松も、唐崎のようにあったかもしれないが）珍しい葉の形をもったり、枝の出方が異なる各種の松の展示場だったようである。それをたんなる展示場とせず、浜辺の景観を演出する素材として用いているのである。

展示場・見本園の機能では、ここは一種の園芸植物園といってよいほど、各種の園芸植物がみられる。「千種《ちぐさ》の園」と称され五十一勝の一つに数えられた区画には、睡蓮、菊、サザンカ、モモなどの各種園芸種が集められていたようだ。とくに睡蓮は「朝日」「天女」「護持院」「唐山天竺蓮」などの名が記され、珍しい品種の収集の場になっていた。モモもまた、花を観賞する花モモと果実を得るモモ、双方にわたってのコレクションがあった。

その他、「御薬園」「菓林《かりん》」などがあり、各種の薬草や果樹も集められていた。江戸の中期以降、武家社会で花開いた本草・博物学の趣味が大名庭園の一角を占め、景観づくりにもかかわっていたことがうかがえる。

池のくびれた部分を見ると、「秋風亭」「四時亭」「咸応殿」など、いくつもの茶亭がみえる。これらは茶事の目的ではなく回遊の途中の軽い休憩所とみられる。と同時に各所にかけられた小橋と同じく直接的な実用目的とともに、園内の景観づくりにも組み込まれている。

生産も見せる

園内の池の岸辺の一つは、塩づくりの浜に見立てられていた。そこには「塩や」と記された低い屋根をもつ構造物が二基描かれている。また五十一勝にも挙げられた「みなと田」なる田圃もあった。天保十三年（一八四二）のこの図の筆者は「田を作らせ給《たま》いしあと、碑のみ残れり」と記している。

塩づくりや米づくりなど、生産行為の場も見せ場として設けられていた例は、他の大名庭園にもある。浴恩園の場合は、各地の名所の見立て、珍品・奇品の実物、いずれもが庭園を構成する要素として利用されている。和歌や漢詩にむすびつく「教養」と「観念」の世界が、本草学の「実用」や「実験」の場とともに存在するのである。だから塩浜や田圃が設けられるのも不思議ではなかった。ここにみられる観念と実用との混とんとした共存は、庭園観賞の障害になるというより、むしろ視覚体験を重視した回遊の行為にかなったものだった。

松平定信は、自らの庭園観を書き残している。厳密な論ではないが、長年書きためた随想集である『花月草紙』の中に、造園のあり方についてふれたものがある。定信の庭園観はずいぶん自由度の高いものだった。まず第一に自分の庭園は自分の好みに従ってつくればよいとの考えがあった。

ある人の庭を見た人物が、その庭をほめそやした。松の枝は技巧をこらしてゆがめられ、草も木もひどく手が入って「一木一草みなつくりたてけり」というありさまである。石も大小とりそろえ、色もさまざまなのが配置されている。それなのに、つね日頃は自然な風がよいといっている人物が、そんな庭をほめた。どうしてかといぶかって尋ねる人に向かってこの人物は、別にわざとほめたのではない。ただ「世の人、わがこのむところにあうものをばほめののしり、心にあわぬものをば譏《そし》りなどすれど、ことわり尽くして思うにはあらず」と答えたという。

この人物の考えは松平定信自身の考えである。要約すれば好みは人それぞれでよい「わが心にたがえばそしるは、みなことわりしらぬもののすることにや」ということに尽きる。松平定信の庭園観の第一は、型にはまらない人それぞれ自由なものだった。

もう一つの庭園観は、第一のものとつながっているが時間の自由度を生かす考えによる。これもまた、ある人の庭についての話から始まるが、その人は、たいていのことを急ぐ性格なのに、この木はこの春移植し、あの木は秋にあそこに植えかえるなどと庭づくりでは悠長なことを言う。それはなぜか。「いかで二とせ《（年）》三とせにまたく《（全く）》そなわるべき。十とせもたちてこそ、おかしうもみるべし。いま、にわかにすべきものならぬことを、真にしりぬれば、初めより物いそぎするこころは露もなし」との意図からである。これは人生訓を説いてもいるのだろうが、庭づくりに限れば、十年ほど先を見てつくれといった考えとなる。

このような考えが、自分の庭園である浴恩園の造成にも貫かれていたとみてよい。松平定信の浴恩園は、盆栽を置き、果樹園をつくり、畑を設け、塩田を模すというように雑多な要素をとりこんでできあがっている。だがこれは、松平定信の庭園観の反映だったとみれば了解できる。

浴恩園内の景観は、一つ一つがさまざまな背景をもっていて、混乱した景観構成になっていたとみられるかもしれない。しかしそれはむしろ回遊に律動感をもたらし、庭園周遊の楽しみに貢献するものだったろう。

浴恩園の一隅に、五十一勝の一つ「網代が浦」がある。そこに「海潮出入門」の文字が見える。ここが潮の干満に応じて池の水位が上下する潮入りの池の大事な水門である。庭園景観に律動感を与える水位の上下と水の流れは、水門による調節が必要だった。そんな必要上の「実用」装置もまた、「網代が浦」という園内の名勝とされ、そこには「あじろの床」と称する釣り台も設けられていた。「観賞」「実用」に加え、楽しみのための「実用」すなわち「遊び」のような装置が、割り切れないあいまいな機能を担って置かれていた。これらを貫く明確な行為が、回遊による観賞だったといえるだろう。

回遊による観賞には、飲食や社交はとくに必要とされない。だがかつての大名庭園の、いわば二大機能だった「茶事」と「饗宴」は「飲食」と「社交」を欠かせないものとしていた。

回遊は、新しい庭園観が生まれたことの証しである。大名庭園の様式を見る場合にも、また大名庭園がどのように使われたのかという社交的・社会的な機能を見る場合にも、回遊とは新しい庭園観の誕生によるものである。

拝見記

回遊を庭園観賞の主要な行為とする庭園への姿勢が生まれるには、いくつかのきっかけがあるだろう。そのきっかけを読みとるための一つの分野に「拝見記」がある。「拝見」は、かならずしも招待されたわけではない、庭園をとにかく見てみたいとの望みから生まれる。饗宴への招待でもなければ、茶菓の接待、酒肴の接待でもない。いわば純粋に見たい、視覚体験をしたいとの願いが結晶したものである。拝見記の誕生は、庭園を純粋に視覚の対象とみることとの誕生である。そこから、庭園を芸術作品、とくに視覚的に芸術性を価値判断する後世の庭園観まではわずかにもう一歩のところにある。拝見記の誕生から、庭園の視覚体験重視、庭園の芸術性議論までは、一直線につながっている。

庭園拝見記のさきがけの一つが、さきに小石川後楽園のところでふれた、榎本其角の「後楽園拝見記」である。元禄十五年（一七〇二）の十一月に訪れた榎本其角には、茶の接待くらいはあったかもしれない。だがどうやら現在のわれわれが庭園に接するときとよく似た気分で、後楽園を見て回ったようだ。もちろんこの体験を俳諧の世界でうけとめ、句をつくることによって、記録として残したのではあるが、それでも饗宴の装置・社交の装置として後楽園が使われている様子は全くうかがえない。

こうした純粋な見物行為は、お庭拝見の思想とでもいうべきものによると思う。じっさい榎本其角以後、こうした庭園拝見記は、いくつも書き残されるようになる。藩主自身や招待を受けた関係者による庭園記とは全くちがう分野の記述というべきだろう。庭園記の分野は、「園林文学」などという名称でも扱われてきた（『諸大名の学術と文芸の研究』）。それは庭園を素材とする自然観照の文学的表現といってよい。しかしそこには庭園を自然とは違う別の装置、社交や饗宴など人と人との間にも大きな意味をもつ装置として見る姿勢はほとんどない。また庭園を見るべき芸術作品とみなす視覚重視の美学もとくにあらわれない。

お庭拝見の思想は、「園林文学」とは無関係ではないが、あくまで人がつくった庭園というものを視覚体験の対象としてみたいという心情から生まれ出る。これはやはり新しい自然観であり、また新しい庭園観ともいえるものだ。

お庭拝見の思想は、おそらく十八世紀に入った頃からあらわれはじめた、新しい造園観の一つであり、新しい自然観・芸術観の生成の一現象でもあるだろう。

お庭拝見記はいくつもあり、その全貌をとらえるにはまだまだ探索の作業が必要だが、目につくものを挙げてみるだけでも、十八世紀に生まれ、その後盛んになってゆく経過は十分に感じられる。

後楽園

元禄十五年(一七〇二)榎本其角「後楽園拝見記」

天明四年(一七八四)大田南畝「三つが一つ」

寛政五年(一七九三)太田元貞「遊後楽園記」

享和二年(一八〇二)高行「水府侯後楽園記」

文政三年(一八二〇)志賀忍「御園之記」

文政九年(一八二六)坂昌成「後楽園記」

六義園

文化十年（一八一三）　十方庵〈松平甲斐守林泉の逍遥〉「遊暦雑記」

戸山荘

享保二十年（一七三五）久世舎善「戸山御庭記」

寛政五年（一七九三）三上（因幡守）季寛「和田戸山御成記」

寛政五年（〃）佐野義行「戸山の春」

寛政五年（一七九三）大田南畝「尾州戸山屋敷一見の事」

寛政九年（一七九七）牧野（伊予守）成「尾侯戸山荘記」

寛政十年（一七九八）成島勝雄「外《と》山《やま》の紅葉」

文政七年（一八二四）土居清健「戸《と》山枝折《やまのしおり》」

弘化四年（一八四七）遠江守泰従　無題

明治元年（一八六八）平野知雄「戸山藩邸見聞記」

後楽園、六義園、戸山荘など江戸の大名庭園のほか、地方城下町の大名庭園にもいくつかのお庭拝見記が存在する。これらを並べてみて、時代について感じられるのは十八世紀の後半から拝見記がつぎつぎあらわれることである。

拝見の思想

おそらく、藩主や重臣、それら関係者による茶事も饗宴も一方では催されていたことだろう。そうしたことが情報として外にもれ出ることによって、大名庭園の名声が生まれ、それをぜひ見たい、一度拝見したいとの思いが生まれる。

大田南畝は、下級の幕臣であり、そんな情報には接しやすい環境にあった。南畝は、お庭を各所で拝見した代表的人間といえるが、これは南畝自身の性格のみならず、時代がお庭拝見の思想をすでに広くもちはじめたことにもかかわっている。

お庭拝見は、庭園体験ではあるが、茶事や饗宴など人との社交をほとんどもたない体験だ。ほぼ庭園の視覚体験に限られた狭い庭園体験である。

こうして大名庭園は、それまでもっていたさまざまな庭園体験を視覚上に突出させるきっかけの一つを持った。それまでにももちろんなくはなかった「回遊」の行為がこの「拝見」の思想と結びついたとき、現在にまでつながる庭園観賞の基本姿勢が生まれたといえよう。

大名庭園は、自らが生みだした庭園の純粋な視覚体験、芸術性による限定された庭園評価によって逆に、自らの首をしめることになった。京都の庭園を高く評価する思考をあみだしたからである。のちの京都の庭園の称揚はおもに江戸の大名庭園が生みだした視覚の突出、芸術性の過大な評価によって追い風をうけることになる。

もともと饗宴をもりあげるための宴遊にはじまる回遊という行動に、大名庭園はふさわしい様式をつくりつつあった。だがその様式は、まだ視覚とは異なる各種の体験も数多く残していたのだが、お庭拝見の思想は、大名庭園の回遊の性格を視覚上で純化させ、のちに回遊式といわれるようになる様式にまで高めるあと押しをしたのである。

回遊式庭園の呼称は、明治あるいはそれ以降にあらわれたものと私は推測しているが、これが様式として完成に至ったのは、お庭拝見記、すなわちお庭拝見の思想の隆盛によるものとみるべきだろう。

また庭園の純粋な視覚性をはっきり意識化させたものとして、江戸に生まれた潮入りの庭があるだろう。お庭拝見の思想と潮入りの庭の造園とは、大名庭園の回遊と観賞にとって大きな契機になっている。

山里から海辺へ

お庭拝見の源流は、しかし潮入りの庭の成立以前にさかのぼるとみられる。後楽園や戸山荘のような庭園が人気のある拝見の対象となっていることからもそれはいえるだろう。

その経路を大づかみにとらえてみると次のような変遷がみえてくるように思う。一つは大名庭園の立地とその景観の特徴から生まれる山里から海辺への変遷である。もう一つは、大名庭園の機能にかかわる、茶事（儀礼）から観賞（視覚重視）への変遷である。

山里風は、たとえば初期の後楽園の性格がそれである。山道を歩みながらとある茶店に入ると、そこで野趣あふれる茶が供されるようなそんな雰囲気をもった庭園のあり方である。家光の御成の際に用意されていた趣向は茶事、といっても山里の雰囲気を生かしたものである。それ以前の茶事の伝統、わび茶の精神を一応とりいれながらも、すでに少し回遊の気分を帯びた茶の楽しみがある。それをうまくとりいれるための装置としての庭園が、山里風の大名庭園だといえる。

加賀藩の上屋敷（はじめ下屋敷だった）に設けられた育徳園の場合も、その造園はこのような山里風をかもしだす大名庭園だった。それが戸山荘になると雰囲気は、ずいぶん変わる。村里風とでも名づけるべきものであろうか。田園が広がり、そこで農民が耕作している風景が庭園の中にとり込まれている。その中での花見や茶亭での休息は、村里での楽しみを演出しようとしたものだ。小田原の宿を模してつくられた宿場町の造成も、山里というよりは村里の雰囲気を好む、新しい風景体験の理想とやはりかかわりがある。人影のすくない山里でのわびた味の茶事から、人々でにぎわう商家での買い物や人々が群れる中での社交を楽しむ村里での体験を理想化して庭園の中にとりいれたものである。

こうした山里、村里への関心を経由して生まれたのが海辺での体験、海浜の景観を庭園にとりいれた潮入りの庭だったといえよう。潮入りの庭では、山里や村里では味わえなかった海辺での楽しみが得られる。釣りのような行動的なものから、潮の干満による景観の変化を楽しむ視覚重視の体験まで。そしてこの景観体験が、山里風大名庭園にすでに萌芽的に存在した回遊を、はっきりと完結した庭園観賞の姿勢としてつくりあげた。山里から村里へ、そして海辺へ、といった庭園体験の開発の経路が、大名庭園の様式確立への道からみえてくる。これが茶事の伝統としての儀礼的な行為から村里でのいわば「喫茶」といった軽い「茶事」を経て、海辺での散策の雰囲気を味わう、視覚体験としての潮入りの庭の成立につながる。

今は海とのつながりが断ち切られて、潮入りの庭とはいえなくなったとはいえ、芝離宮を訪れるとやはり池の広々とした景観には、ありふれてはいてもやはり「のびやか」という形容がふさわしいと感じる。護岸の石組はつたなく、石質も粗末であるといった批評も庭園専門家の中にあるが、それは評価の視点がおかしい。そもそもこの庭園は、きびしい石組を観賞させようとしてつくられたのではない。目的はやはり、歩き、心をなごませ、園遊を行うこと、つまり使うことにあるからだ。のびやかな気分を手にしようとするところに厳しい表情の石組があっては、邪魔物以外の何物でもないからである。

池から受けるのびやかな気分は、もちろん浜離宮庭園でも感じられる。浜離宮庭園は、今もまだ海とつながっており、潮入りの庭といってよい。その池は精神を引き締め、緊張をさそう要素ではなく、堅い心をときほぐし、弛緩させる装置であろう。

芝生の広がりも同様なはたらきをもつ。各地の城下町に残る大名の庭園には、芝生の広がりからくるのびやかさを強く感じさせるものがある。その点でとりわけ印象的なのは岡山の後楽園である。備前藩主池田綱政が元禄十三年（一七〇〇）に完成させたとされるこの庭園は、芝生の広がりから受ける大らかな印象という点では、大名庭園中の白眉といえる。また芝生の中を縫う園路のゆったりとした曲線とともに周囲のなだらかな丘、山を取り入れた借景も、この園ののびやかな印象を強めるはたらきをしている。

明治時代になって、維新の元勲たちの邸宅に庭園が設けられたが、必ずといってよいほど、屋敷の前面に芝生の広がりがあった。野外宴会、園遊会を行うための場である。岡山の後楽園には、近代になって行われるようになった園遊会の装置をはるか以前に先取りしているかのような造形感覚がある。現代人が見ても、ここで野外の宴会、野外パーティーをやってみたいと思うような配置となっているのである。

熊本にある水前寺公園は、池と芝生とが一致してのびやかな雰囲気をつくり出している大名庭園であろう。肥後藩主細川家の別邸で、成趣園と呼ばれたこの庭園は、明治時代以後一般人の入場が可能になり、水前寺公園の名で呼ばれるようになった。しかし一般人の自由な入場という以上に、造形感覚の点ですでに近代の公園ができあがっていたといってよい。茶室から眺める水面の広がり、その向こうになだらかに横たわる美しい緑の富士山形をした芝生の小山。水前寺公園に回遊の楽しみはむろんあるが、それ以上に池と芝生の組み合わせによるのびやかな景観を眺めつつ園遊を行うのにぴったりの庭園というべきだろう。

回遊という点では金沢の兼六園、高松の栗林園の方がはるかに変化に富んでおり、それは規模の点でもそうである。しかしながらいずれの大名庭園にしても、そこにあるのは、のびやかさとそれを享受する楽しみなのである。六義園のように八十八境をつくり、その多くが、和歌にちなむ景観づくりをねらったもの。小石川後楽園のように、むしろ漢詩にまつわる景観と儒教的徳目をちりばめた造形に主眼をおいた中国趣味をねらったもの。それぞれのちがいが各大名庭園の特色をきわだたせてはいる。しかし、いずれも教養や徳目に気配りしつつも余裕のある楽しみを忘れてはいないように感じられる。大名庭園の意匠と様式は、そのめざすところを少し理想化して表現するとすれば、「徳」と「楽」の融合とでもいうべきところにあるのではないだろうか。

回遊式の大庭園である基本的な性格は、もちろんどの時代の大名庭園にもみられた。しかしその中でも、やはり時代の自然観や景観への好み、そして人とのつきあいと楽しみをどこに求めるかの傾向によって、大名庭園の性格は、変化をとげた。現在われわれが大名庭園に託している回遊式なる様式は、お庭拝見の思想などに刺激されて、徐々につくりあげられてきた庭園への見方によるものだといえるだろう。

終章　大名庭園衰退史

Fig. 26.

1　回遊に純化する園遊

消えゆく大名庭園

明治に入って、大名庭園の多くは消滅した。維新の体制変革がその原因である。ただし、大名庭園にとっては、革命的な変革という「人災」の他に、幕末の天災もその原因の一つではある。

安政二年（一八五五）十月に起きた、いわゆる安政の大地震や、翌三年八月に江戸を襲った暴風雨も、大名庭園の樹木を倒し、建物を倒壊させた。さらに安政六年（一八五九）二月、安政の大火によっていくつもの大名庭園の屋敷・建物が灰になった。名古屋藩尾張徳川家の下屋敷、戸山荘も大きな被害に遭った。史上最大規模を誇る大名庭園の建物のほとんど、多くの樹木が焼けた。

江戸期を通じて何度も地震・火災の被害を受けてきた大名庭園は、その都度再興され、復旧されてきた。天災だけでは大名庭園は衰亡することはなかった。しかし明治維新は、大名庭園に回復しがたい打撃を与えた。

小沢圭次郎は、王政復古にはじまる明治天皇の治世を文明開化の喜ばしい世の中と肯定

江戸後期の大名屋敷分布　下屋敷は山手側、郊外に分布しており大規模であることがみてとれる。図中に名を入れた庭園名は、本書で扱った代表的な大名庭園である。　(玉井哲雄原図より作成)

したが、ただひとつ「園囿《えんゆう》興造の事業」に関しては「退歩」ばかりであったと述べる（「明治庭園記」自序）。小沢は明治時代における庭園全般の大きな衰退を嘆き、とくに大名庭園の消滅を惜しんで、旧大名家所蔵の庭園関係文書や図面を買い取り、また筆写して集め、その記録を残そうとした。

小沢圭次郎は、自ら集めた文書や図面を「園林叢書」と名づけて、これをもとに旧時代の庭園の記録だけでも保存しようと努力した。「園林叢書」のほとんどが、いま国会図書館に保存され、かつての大名庭園の姿を知ろうとするとき、重要な史料となっている。けれども小沢圭次郎が集めた大名庭園に関連する文書や図面は、作成されたもののうちのおそらく数十分の一にも満たないだろう。

そもそも各地の城下町を除いて江戸に存在した大名屋敷の庭園だけを数えても幕末の時点で、おそらく千にものぼる庭園があったと考えられる。

江戸時代を通じて、大名の数は少なからず変動したが、三百諸侯といわれるように、およそ大名家は三百あった。正確にいうと明治維新のときに存続していた大名は、二百七十一。その大名それぞれに上屋敷、中屋敷、下屋敷の三ヵ所が幕府から与えられていた。これら屋敷のすべてに大なり小なりの庭園が設けられていたから、これだけで単純計算しても江戸には千に近い庭園があった。

これに加えて大大名では、上、中、下屋敷が一つではなく複数の場合が多く、さらにみずから土地を買いあげた屋敷地（抱屋敷）まで持っていたから、大名屋敷の庭園だけを数えても千以上にのぼったことは間違いない。さらに幕府直属の家臣、旗本もほとんどの場合、上、中、下屋敷を拝領していた。旗本の数は、およそ五千。旗本の屋敷地にもまた大小の庭園が造られていたから、これまた単純計算でゆくと一万五千の庭園が存在したことになる。もちろん大名に並ぶほどの数千石の旗本は多数に及ぶとはいえなかったから、屋敷地の規模も、また付随する庭園の規模も、大大名のそれに比べれば小さかった。とはいえ数千に及ぶ立派な庭園が存在したと考えてもおかしくはない。江戸の武家屋敷に営まれた庭園は、おどろくべき多数にのぼっていたのである。

おびただしい屋敷内の庭園

この状態を川添登は、視覚を鮮やかに刺激する次のような文章に記している。

幕末の江戸を、もし上空から眺めることができたなら、大小さまざまな庭園が、人家の群れとモザイック状に組み合わさった都市として、眺められたであろう。（『東京の原風景』）

幕府直属の家臣のうち、一万石以下のお目見得以上が旗本、お目見得以下が御家人だが、御家人の屋敷にもまた庭園があった。川添登は、小沢圭次郎の叙述によりつつ、御家人たちが与えられていた「一、二百坪の小宅から、千坪をこえるような屋敷にいたるまで、庭園を設置しないものはなく、とくに小身のものたちが、内職のために、植木・花卉の栽培をさかんに行っていた……」と述べている。前栽《せんざい》と呼ぶのが似合うような小庭も多かったと思われるが、御家人の宅地にも庭園は備わっていた。これらの庭園で行なわれる植木、花卉の栽培が、江戸期の本草学、園芸学のすそ野を形成していたことは確かだが、本書で扱う回遊の楽しみをもつ大名庭園に匹敵するようなものはほぼなかったと考えてよい。

が、ともかく大名庭園をはじめとして、江戸がいかに庭園で満ち満ちていたかは、理解され得るだろう。これらのうちで、今も往時の姿を偲べる大名庭園としては、小石川後楽園、六義園のほか、芝離宮、浜離宮など数えるほどしかない。そのほかは、迎賓館（赤坂離宮）、新宿御苑、東京大学本郷校舎内の三四郎池周辺など、園内の一部にその名残りをとどめるものしかない。

戸山荘の運命

十三万坪という史上最大の日本庭園だった戸山荘に至っては、都営住宅と早稲田大学の理工学部キャンパスに取り囲まれた戸山公園内のほんの一部に箱根山の名をもつ一小丘としてしか姿をとどめていない。

戸山荘は、大政奉還ののち、一大名に縮小させられ、静岡藩となった徳川将軍家（藩主・徳川慶喜）に、尾張家から進呈された。徳川将軍家は、駿河・遠江七十万石を与えられ、駿河府中の城がその治城とされた。そして、かつてかかえていた多数の家臣を収容する屋敷が必要だったが、東京に与えられたのは、旧榊原家の中屋敷だけだった。これでは多数の家臣はとても収容しきれない。この窮状を見て、宗家を支援しようと尾張徳川家が戸山荘を進呈したのである。

静岡藩（旧徳川将軍家）は、家臣を戸山荘に移し、彼らに命じて邸内の土地を耕して田畑をつくらせ自活させる方法をとった。大政奉還の翌々年、諸侯の版籍奉還によって慶喜は静岡藩知事となるが、すぐ後に西郷隆盛率いる討幕軍が江戸に入り、戸山荘全域が、これら討幕軍の屯営とされてしまった。戸山荘の「名勝は、益荒敗《ママ》するに至れり」と小沢圭次郎は記している。戸山荘は、そののち陸軍戸山学校となり、また戦後は占領軍の宿舎戸山ハイツとして利用されるなど、ほぼ跡かたもなく消滅してしまったのである。

戸山荘のような例のほかに、江戸の庭園消滅にとって大きかったのは、東京府のいわゆる桑茶政策である。

幕府直属の旗本のうち、王政復古に際して新たに朝廷の臣下、朝臣として採用された者もいた。しかしそれ以外の者は、すべて屋敷地を新政府に返納（奉還）した。その屋敷地の建物を取払い、庭園をつぶして、桑や茶を植える方針を立てたのが東京府である。桑は蚕を飼うためであり、生糸の生産を意図していた。生糸は茶とならんで当時の日本の有力な輸出品だったからである。江戸の旗本の庭園は輸出産業振興、外貨の獲得のために、開墾され、つぶされていった。大名庭園にも、また同じような運命をたどったものがある。

ただし、大名庭園の規模の大きなものは、明治政府の官用地として、軍事目的や官営の各種産業振興の場、実験場として用いられる例が少なくなかった。さきに挙げたように、戸山荘は兵部省、陸軍の用地になったし、また小石川の後楽園は明治二年（一八六九）に上地され、内務省用地、兵部省用地などを経て明治八年からは造兵司が改称された砲兵本廠の工場用地となった。ただし砲兵本廠の工場が全園を埋めつくしたわけではなく、大泉水をめぐる周辺などはつぶされなかった。そこで全部ではないが現在も、かなりの庭園部分が都立の公園として保存されているわけだ。それでも明治九年四月三日に小石川後楽園に初めて入ることができた小沢圭次郎は「造兵司設置以来、工場烟突《えんとつ》より、煤煙《ばいえん》を噴出《ふんしゅつ》する事、歳《とし》を追いて、益《ますます》熾《さかん》なるに因《よ》りて、喬木《きょうぼく》は漸《ようや》く其梢《こずえ》より、枯縞《かれしま》を来《きた》して、遂に全滅に至る者多し」と述べている。

明治六年（一八七三）に明治天皇の行幸があったが、それは庭園救済にある程度効果をもったともいえるし、明治政府の富国強兵の意志の方がそれを上回ったともいえる。

助かった大名庭園

破壊と救済が、ともに大名庭園を変動の渦に巻き込んでいたが、救済の例をいくつか挙げてみよう。「大学中博士」の官名で明治政府に致仕した芳野金陵が購入した小石川大塚の占春園、また維新後、参議となった木戸孝允が駒込に購入した本郷丹後守泰固邸。これらは明治期には確かに完全な破壊をまぬがれたが、のちにはやはり消滅した。三菱の創始者岩崎弥太郎が買い取った六義園は、ほぼ保存されたが、これはきわめて例外的であった。

芳野金陵が購入した占春園は、陸奥・守山藩の松平大学頭頼誠の上屋敷だった。大名庭園らしい大泉水が中央にあり、樹林も豊かな、なかなかの雰囲気をもつ庭園だったという。芳野金陵は農業を興す意図をもち、田園経営にたずさわろうと、庭園・占春園のあった守山藩の上屋敷とともに、すぐ近くにあった下屋敷も購入し、どちらも開墾して農地とした。ただし、占春園の大泉水とその周囲の庭園部分はそのままに残したという。明治十年代の初め頃、芳野金陵がここで花見の宴を開いたとの記録も残っている（「占春園桜記」『明治園芸史』所収）。

明治後期になって高等師範学校用地を捜していた文部省が、芳野家と交渉して半分ほどを買い取り、大泉水は師範学校寄宿舎建設のため埋立てられた。ここに大名庭園としての占春園はほぼ息の根を止められたといえる。

一方、木戸孝允が救った大名庭園は、旗本で御側衆《おそばしゅう》だった本郷泰固邸である。明治二年（一八六九）のある日、木戸孝允がこのあたりを通りかかると、庭石やら植木やらを運んでいるのに出くわした。どこから持ち出しているのかと木戸は尋ね、はじめてここに庭園があることを知ったという。のぞいて見たところ、樹木もすでに数多く伐採されて、庭園は見すぼらしい姿になっている。とはいえ、これほどの庭園が消滅するのをだまって見すごすわけに行かない、というわけで木戸孝允はこの邸を買い取ることにした(「明治庭園記」)。

この話を記しているのは、小沢圭次郎である。小沢は、のち大正元年(一九一二)、東京府立園芸学校の生徒三十名ばかりを連れて、この木戸侯爵邸の庭園見学を行った。そして園内で二つの碑から碑文を読み取ったところ、庭園の由来が記されており、第十一代将軍家斉の代、寛政七年(一七九五)に、本郷大和守泰行が造園したものだと判明したという。

小沢圭次郎は、もし木戸孝允が庭石・植木の搬出に出くわさなかったら、この庭園は全く歴史から抹消されていたことだろうという。そして「明治年間に於て、庭園改脩《かいしゆう》者の先鞭一着と謂《い》わざるを得ざるなり」と、江戸の大名庭園を明治になって救った第一番目の人と木戸を称揚している。が同時に、木戸家は石碑の碑文を読んだことがなく、自分が読みとって初めてこの庭園の来歴が明らかになったと少々自慢げに記してもいる。

木戸孝允が救い、小沢圭次郎が歴史を明らかにしたこの庭園も今はない。そこは六義園の東側、いくつかのマンションが建つ、とりたてて何の風趣もない土地になってしまっている。六義園や後楽園、そして芝離宮や浜離宮が生き延びたのは、じつに何度も幸運にめぐりあったということなのだろう。

佐竹の庭

明治期に消滅したり、衰えたりした大名庭園の例は多数にのぼる。だが一方で、明治期に脚光を浴びた大名庭園もわずかにあった。その代表例が「佐竹の庭」だろう。佐竹の庭、とは明治人がよく使った通称と思われる。というのは、明治期に日本にやって来た外国人が、見聞記の中で東京の庭園について記す中に「サタケのニワ」がしばしばあらわれるからである。庭園を見たいという外国人を案内するとき、いかに佐竹の庭がよく選ばれていたかをも物語る。小沢圭次郎も、「吾妻《あずま》橋向《むこう》の佐竹の庭」といえば、とくに晴天の日などは老若男女を問わず来観者は引きもきらないほどで、東京中に名高かったと記している。

一八九三年（明治二十六年）に出版された、東京大学の建築学お雇い外国人ジョサイア・コンドルの本がある。『日本の風景造園術』（*Landscape Gardening in Japan*）と題するこの英文の本は、日本の庭園を英文で紹介した本格的著作として最初のものであり、また以後も、この本を上回る日本庭園の研究は出ていないといっても過言ではない。コンドルのこの本は、半世紀以上のちの戦後しばらくまで日本庭園について知ろうとする外国人が必ず参照したものであり、また参照するにふさわしい内容をもっている。このコンドルの本に

佐竹の庭　（コンドル「日本の風景造園術」1893より）

佐竹の庭の写真が掲載され、紹介されている。また外国人が日本訪問のおみやげとして買い求めた日本の風景・風俗を集めた写真帳には、佐竹の庭の写真がよくあらわれる。東京で、日本庭園といえば佐竹の庭が思い浮かぶという時代が、明治十、二十年代だった。

　この庭園は、明治になって旧秋田藩主佐竹侯の庭になったが旧幕時代は、じつは沼津藩主邸だった。明治維新後に、秋田藩主佐竹右京大夫義尭《よしたか》は、下谷《したや》三味線堀（台東区三、四丁目付近）にあった上屋敷を上地する一方で、当時、「吾妻橋東詰」と言えば通じたという本所中之郷瓦町の大名屋敷を自ら購入して居宅とした。旧幕時代の沼津藩邸が、購入した佐竹氏の名で有名になった。明治になって名が広く知られるようになった珍しい大名庭園とも言える。

佐竹の庭は、その庭石や石灯籠がとくに有名だったが、それは造園の初期にもう存在したものだった。この庭園の誕生は、文政の初め頃（一八二〇年代）である。当時の邸宅の主、沼津藩主水野忠成《ただあきら》は老中職についていた（ちなみに、幕末の老中、天保の改革の中心人物水野忠邦は、もと肥前唐津藩主で、老中当時は浜松藩主）。御勝手御用係を一手にひきうけていたため、各藩・旗本からの進物、つけ届けがひきもきらずといった状態だった。そこで水野が庭園をつくるとの話を聞きつけた者は、庭石、橋石、手水鉢《ちょうずばち》、石灯籠などをわんさと届けた。その中から選んで庭園内に配置してできあがったのがこの沼津藩主水野邸だった。その評判のためだろうか、文政八年（一八二五）には、例の「園癖」「宴癖」将軍十一代家斉《いえなり》が、この庭園に御成している。佐竹義尭は、この庭園の庭石や石灯籠をそのままに、新たに園内の丘に神社（大鳥神社）を建てた。そして毎月の酉《とり》の日には小祭を催して、庭園を開き、参拝人の入園を許可した。十一月の酉の日には大祭があって、とくに人出が多かったという。

明治に入っても大名庭園を庶民が目にすることは難しかった。さきに述べたように別の目的に使われたり、桑茶政策のため、とにかく庭園でなくなった例も多い。そして多くは官有地になり、政府関係の諸施設が占領することになったし、また民間人が買った六義園のような場合でも、いやこの場合こそ、一般人の入場は難しかった。したがって庶民が大名庭園を目の当りにできるといえば、佐竹の庭ということになったらしい。

けれどもこの佐竹の庭も、明治二十一年（一八八八）売りに出され、高野山が購入してその出張所になった。弘法大師ゆかりの高野山の古物などを陳列する出開帳《でがいちょう》の場となり、一時は人を集めたという。のちには札幌麦酒会社が購入して、園内南部をこわして醸造所を設置し、北半分は残して園遊会場にしていたらしい。

明治に入って一部は破壊されたものの、もともと大名庭園の役割の一つだった園遊は、大名ではなくビール会社の接待によって生きのびていた。

2　大名庭園の後継者

庭園の理想像をつくったもの

明治の大名庭園は亡びながらも、外国人訪日客、とくにコンドルの著作を通じて、日本庭園の姿、様式を世界に広めた。そののち、といってもおもに戦後だが、日本の庭園への関心が、枯山水をはじめとする禅宗寺院の庭園に収斂してゆく以前、海外における日本庭園理解は、ちゃんと大名庭園を含んでいた。いや、むしろ大名庭園に代表される広々とした回遊式庭園こそ、海外で人気を博した庭園だったのではないか。

万国博覧会に出品された日本庭園、あるいは外国人の日本びいきが自宅につくる日本庭園を頭に思い浮かべてみよう。そうすると、なるほど大名庭園の意匠と様式がずいぶん採用されているのではないか、と思えてくるはずだ。赤い鳥居や太鼓橋、各所に置かれている灯籠を見ると、日本庭園は、もっと落ち着いた色合いと控え目な造形が主体の庭園なのに、との思いが湧いてきた経験が読者にもあることと思う。私もそんな感じをよく抱いていた。もちろん今でも海外の日本庭園を見て、そんな気分に襲われる場合がなくはない。表現がどうもあからさまで、一つ一つの造形（彩色、植物・花を使った配色も含めて）の自己主張が強すぎると感じる場合が少なからずある。

だが、大名庭園は朱塗りの鳥居も太鼓橋も取り入れたし、灯籠もずいぶんたくさん用いた。海外の日本庭園は、とくに戦前においては、大名庭園に用いられた手法にのっとったものが多かった。なにより、回遊して歩く様式がほとんどであることは、大名庭園の影響をはっきり物語っている。そこに、幕末・明治に日本を訪れた外国人の日本庭園観があらわれているといえるだろう。そして戦前、海外で生まれた日本庭園は、日本人庭師の手でつくられたものがほとんどであり、またおそらく日本人が、これでよしと判断した庭園だったと思う。

ところが戦後の日本人、現代のわれわれに、こんな海外の日本庭園がなにか居心地の悪い、日本庭園を代表させるにはどこか納得がゆかない感じを起こさせる。それは、おそらく戦後に生まれた庭園観が、われわれの身についているところからくるのだろう。京都の寺院の庭園、とりわけ禅宗寺院の庭園に多い石庭あるいは枯山水を、造園芸術の最高の達成とみる庭園観はその一つである。もう一つには、桂離宮を代表例とする「王朝風」の観念を満足させる回遊式庭園がある。同じ回遊式であっても、大名庭園とはちがう、造形や色彩における落着きがある、との見方は根強いだろう。

この二つの日本庭園観、わかりやすくするためにあえて短い表現を使って「石庭の理想」と「王朝風の理想」という風に単純化してみよう。そうするとこの二つは、さきに述べた庭園史界の二人の重要人物が説いた庭園の理想にそれぞれ対応するものではないかと思えてくる。

この二人の庭園史家は、江戸時代の庭園に冷たかった。二人が合唱するのは、庭園の芸術性が失われ、堕落したのが江戸時代であるとの説である。その堕落した江戸時代風の造形（＝意匠と様式）が海外の庭園によく見出される、とわれわれには映るのではないか。つまり、われわれが海外の庭園に違和感をいだくのは、二人の庭園史家とよく似た庭園観を持っているからにほかならないからだろう。このことは、彼らが一般に抱かれる日本庭園観の、よき代弁者であることを示す。そしてまた同時に、一般の庭園観が、彼らの理論からつくりあげられていることも示すだろう。つまり一般の人が抱く庭園観は、庭園史界では支配的な理論をどこかから（別の人たちの解説を通じ、あるいはバスガイドさんやタクシーの運転手さんも含めて、さまざまな庭園案内人と庭園案内書を通じて）手に入れることでつくりあげられている。

石庭の理想と王朝風の理想は、どちらも近代になってあらわれたものだと思わざるを得ない。近代以前の庭園に、ただ眺めるだけを目指したものがないといってよいからである。つまりどちらの理想を根拠づけているのも視覚だからである。視覚による観賞が二つの理想を支えている。

大名庭園が担う理想は、やはりこの二つとは違う。見方によっては、この二つを取り入れているとみなすこともできる。石庭の理想も王朝風の理想も、大名庭園のどこかに見出されないことはない。だが、大名庭園は、二つの理想を部分的に持つことはあっても、それを大きくとりあげなかったし、中心に据えることもしなかった。大名庭園の理想は、宴遊であり、またもう少し広く理想を考えると饗宴の要素を除いても可能な「園遊」であったと言った方があたっているだろう。

明治維新は、園遊の理想をもつ大名庭園を衰退の道に追い込んだ。しかしそれは明治維新の力ではなく、時代の必然的な力だったとも思える。大名庭園を兵士の屯営にしたり、軍需工場にしたり、また桑畑や茶畑にする方が園遊より心ひかれる、そんな心情が力をもった時代だったのかもしれない。

植治の庭と山県有朋

明治期に大名庭園は息の根を止められた、と見ることもできる。しかし大名庭園は息たえたのではなく、別の後継者がその理想を引き継いだと私は考える。京都南禅寺界隈に生まれた庭園、植治《うえじ》の庭がそれだと思う。

植治とは造園家小川治兵衛《おがわじへえ》。万延元年(一八六〇)に、現在の長岡京市に生まれ、明治十年(一八七七)小川家に養子で入り、のち七代目小川治兵衛を名乗った人物である。その代表作には、無隣庵庭園、対竜山荘庭園、碧雲荘庭園、織宝苑など、京都の東山山麓、南禅寺付近に明治の政財界人が持った別荘の庭園がある。また、平安神宮の庭園や円山公園といった近代に生まれた公共性をもつ庭園もある。

小川治兵衛、植治がその後の飛躍をつかんだきっかけは、山県有朋の別荘無隣庵の作庭にかかわったことによる。植治は、近代造園の先覚者などと称されることが多いが、その端緒は、明治二十七年(一八九四)から二十九年にかけて、山県有朋とともに行なった無隣庵の造園だった。

無隣庵の特徴は、主屋の前に広がる芝生と二筋の浅い流れ、そして池というよりも浅い流れの広がり、そしてこれを中心に置いた園内をめぐる回遊路、さらに東山を背にした滝である。そこには大名庭園で開発された庭園の意匠がとり入れられている。

施主である山県有朋自身、従来の京都の作庭を古くさいと批判し、広壮な庭園を自分流でつくるとはっきり宣言していた。兼六園に求められた名園の六つの条件のうちでも、宏壮や雄大といった明るく広やかな景観を目指している。まさしく大名庭園を新しい時代に生かす発想だといってもよい。

無隣庵の庭園を見ると、大がかりな儀礼にのっとった茶事は求められてはいないが、楽しみのために比較的あっさりした茶事を行なえるようにはできている。また、芝生の平面は宴遊の場に使えるようになっており、浅いながらも広がりのある流れの水面は、それをとりまくようにつくられている園路を茶事や宴会のあい間に回遊し、眺め歩くことができる。大名庭園の回遊の規模とは比べものにならないが、機能としては大名庭園と同じものを数多くとり込んでいる。

山県有朋の庭園の理想には、大名庭園で開発された機能を好しとする雰囲気が色濃く感じられる。

無隣庵を訪れた美術評論家黒田天外に向かって山県有朋は、無隣庵での作庭の意図を概略次のように語っている。

「京都に於ける庭園は、幽邃ということを重《おも》にして、豪壮だとか、雄大だとかいう趣致が少しもない。……多くは規模の小さい、茶人風の庭であって面白くないから、己《おのれ》は己《おのれ》流流儀の庭園を作ることに決した」。これを述べたのは明治三十三年（一九〇〇）十二月のことである。

この姿勢を庭園史家尼崎博正は次のように解説している。

つまり、京都の伝統的な作風に反発する姿勢がその根底にあった。苔をやめ、芝を張ったのもそのあらわれである。滝石組みの岩石のあいだにシダを植えたり、京都では滅多に使われることのなかったモミを群植して、植治をリードしたのもそうである。(「植治のデザイン」)

私は、尼崎のいう「京都の伝統的な作風に反発する姿勢」に加えて、江戸の大名庭園の作風をとりいれようとする姿勢を挙げておきたいと思う。もちろんこのことに尼崎も気付いていて、次のように説明している。

山県が苔をやめて芝を張ったのは、当時としては決して珍しいことではなかったし、園遊会など大勢の客を接待する空間としての芝生広場は、江戸時代の大名庭園でも不可欠な要素であった。ともかくも山県は、芝生のもつ明るさと開放性にひかれたようである。それは田園のイメージと重なっていく。(同前)

私は山県の作庭が、大名庭園を模範にしたものだというのではない。山県の意図には、大名庭園によって出現した庭園景観の記憶が大きく影響を及ぼしている、とみているのである。だから山県の姿勢は大名庭園の要素すべてを肯定して採用するものではもちろんなかった。

「村里」を理想とする

このことについて、もう一度尼崎の言葉を引いておきたい。

もうひとつ（山県の言葉として）重要なのは、『従来のひとは重《おも》に池をこしらえたが、自分は夫《それ》よりも川の方が趣致があるように思う』との発言である。山県が植治に提示した自然とは、海でもなく、人里離れた深山でもない。それは明るい田園風景であり、山村を流れる軽快な小川であった。（同前）

大名庭園に欠かせない池は、山県にとってはかならずしも不可欠のものとは考えられていない。尼崎の解釈では、山県の庭園の理想は、海を思わせるものでもなく深山を思わせるものでもない。「明るい田園風景であり、山村を流れる軽快な小川」であるという。つまり山県の庭園の理想は大名庭園の変遷、あるいは進化といってよいが、その経過のなかで私が述べた「村里」にあたると思う。

大名庭園はまず深山幽谷の趣きをもった山里での茶事を中心に据えて出現した。ついで戸山荘などに代表される村里に関心がもたれた。そして潮入りの庭で、海辺の楽しみの発見と理想化がはじまる。直線的ではないにせよ、大づかみにいえば大名庭園は、山里↓村里↓海辺の順序で生れてきた。山県が理想としたのは、そのうちでも「村里」であったと考えてよいだろう。山県にとって大名庭園をよく知った上で、その中でも目標にしうるような理想は村里だった。

植治は山県との協力を通じて山県の造園思想にふれ、大名庭園への関心を深めていったと思える。

大名庭園の再生

植治の最大のパトロンとされるのは、住友吉左衛門（春翠）である。大阪の住友家茶臼山本邸の慶沢園《けいたく》、いまは京都大学の所有になる清風荘、鹿ヶ谷の別邸になる有芳園、衣笠別邸、あるいは住友家の本邸や鰻谷旧邸などの庭園を植治はつくった。これら吉左衛門のための造園で、植治はずいぶん大名庭園を意識し、また実際に大名庭園に接したと思われる逸話が残っている。

清風荘の造園に先だって、明治四十一年頃から茶臼山の本邸の庭園、慶沢園の工事に植治はとりかかっていた。そしてその頃、次のような発言をしている。

今度住友さんが茶臼山に別荘をこしらえられるのでございますが、総地坪が四万坪で其《その》半分の二万坪は庭園になるのでございますが、昔なら秀吉公の仕事どすな。私の行ったのは昨年からですが、全部任すということで先《ま》ず三年位はかかりましょう。何分《なにぶん》大坂城を築いた地勢ほどあって、庭石でも四国からどんどん五千貫、七千貫というのが何百と知れん程集まってます。あれが出来れば関西第一で、岡山公園などとても及びますまい。(黒田天外『続々江湖快心録』)

岡山公園とは岡山後楽園のことである。植治は明らかに大名庭園を意識していた。岡山後楽園と自らのつくる庭園を比較して、造園の基本方針を決めていたらしい。またそれから数年のち、清風荘の造園にとりかかった頃、春翠住友吉左衛門は、植治を伴って金沢の兼六園を訪れている。明治四十四年(一九一一)十月のことである。植治は金沢兼六園を訪れ、大名庭園について学び考えていた。

近代造園の最大の成果と説かれている小川治兵衛=植治の庭は、大名庭園の継承者ではなかったか。大名庭園は、明治期にたしかに大きく衰退した。いや明治維新に押しつぶされたとの見方もあるが、生きのびるだけではなく大名庭園は新たな形をとって、新しい時代の造園を担いはじめたともいえる。なぜ新たな形で大名庭園が求められたのか。それは、新しい時代のにない手たち、新興の政・財界人たちが必要としたからだ。彼らが必要とする社交にこたえてくれる意匠と様式を大名庭園がもっていたからだった。

徳川の二百六十余年におよぶ時間の中で大名庭園はさまざまな園遊の楽しみを開発し饗宴をつくってきた。また逆にそんな歴史の中でできあがってきた意匠と様式をもつ大名庭園は、時代を越えて社交の必要に応じられる性格を備えていたのである。

参考文献

序章

『水戸紀年』（『東京市史稿――遊園篇』第一　東京市役所編　一九二九　所収）
『松蔭日記』平林文雄編　新典社　一九六八

第一章

『江戸時代図誌』第四巻　江戸一　西山松之助・吉原健一郎編　筑摩書房　一九七五
『慶長見聞集』（『日本庶民生活史料集成』第八巻　三一書房　一九七四　所収）
松平忠冬『東武実録』汲古書院　一九八一
佐藤豊三「将軍家御成について――徳川将軍家の御成」『金鯱叢書』第七巻、第八巻、第一一巻、第一三巻　一九八〇～一九八六
「大猷院殿御実紀」（『徳川実紀』第二編　『国史大系』第三九巻　吉川弘文館　一九六五）
『後楽園紀事』（『東京市史稿――遊園篇』第一　東京市役所編　一九二九　所収）
西和夫『桂離宮物語』（ちくまライブラリー）筑摩書房　一九九二
「桂光院殿御書類」（久恒秀治『桂御所』新潮社　一九六二）
「智仁親王御年暦」（久恒秀治『桂御所』新潮社　一九六二）
熊倉功夫『後水尾天皇』（同時代ライブラリー）岩波書店　一九九二

第二章

『後楽園紀事』（『東京市史稿——遊園篇』第一　東京市役所編　一九二九　所収）
『水戸紀年』（『東京市史稿——遊園篇』第一　東京市役所編　一九二九　所収）
吉川需『小石川後楽園』（東京公園文庫二八）郷学社　一九八一
『文京区史』文京区役所　一九六八
文部省『名勝調査報告』第三輯　一九三七年
「三つが一つ」（『大田南畝全集』第一二巻　岩波書店　一九八六）
森守『六義園』（東京公園文庫一九）郷学社　一九八一
『楽只堂年録』（『東京市史稿——遊園篇』第一　東京市役所編　一九二九　所収）
「常憲院殿御実紀」（『徳川実紀』第五編『国史大系』第四二巻　吉川弘文館　一九六五）
『東邸治革図譜』（金沢市立図書館蔵）
若林喜三郎『前田綱紀』（人物叢書新装版）吉川弘文館　一九八六
「育徳園記」（『東京市史稿——遊園篇』第一　東京市役所編　一九二九　所収）
「三壺記」（『東京市史稿——遊園篇』第一　東京市役所編　一九二九　所収）
藤本強『埋もれた江戸——東大の地下の大名屋敷』平凡社　一九九〇
玉井哲雄「歴史の読み方②都市と景観の読み方」（「週刊朝日百科」）日本の歴史別冊　朝日新聞社　一九八八

第三章

小沢圭次郎「明治庭園記」(『明治園芸史』復刻版日本園芸研究会編　有明書房　一九七五)

崇伝『本光国師日記』(全七巻)　続群書類従完成会　一九六六〜一九七一

森蘊『小堀遠州』(人物叢書新装版)　吉川弘文館　一九八八

『石川県の地名』　平凡社　一九九一

『特別名勝　兼六園』石川県兼六園管理事務所　一九八七

『兼六園　その景観と歴史』　石川県図書館協会編　宇都宮書店　一九六二

「参議公年表」(『加賀藩史料』復刻版　第四篇　清文堂出版　一九七〇　所収)

「大梁公手記」(『加賀藩史料』復刻版　第八篇　清文堂出版　一九七〇　所収)

山本遺太郎「こうえん、昔、むかし」『探訪日本の庭』(三)　山陽　小学館　一九七九

湯浅常山『文会雑記』『日本随筆大成　第一期　一四』日本随筆大成編輯部　吉川弘文館　一九七五

森禎蔵『後楽園誌』木畑道夫編　一八八五

斉藤一興『池田家履歴略記』上巻、下巻　復刻二版　日本文教出版　一九八一

谷口澄夫『池田光政』(人物叢書新装版)　吉川弘文館　一九八七

『池田光政日記』(藤井駿・水野恭一郎・谷口澄夫編)　国書刊行会　一九八三

『後楽園』(山陽新聞サンブックス)　山陽新聞社出版局　一九九一

『江戸時代図誌』第二〇巻　山陽道　村井康彦編　筑摩書房　一九七六

『特別名勝　栗林公園内掬月亭建物並びに庭園修理工事報告書』香川県経済労働部観光課　一九

六五
『江戸時代図誌』第二一巻　南海道　山本大・岩井宏實編　筑摩書房　一九七六
『熊本県の地名』平凡社地方資料センター編　平凡社　一九八七
『江戸時代図誌』第二三巻　西海道二　原田伴彦・山口修編　筑摩書房　一九七七
『江戸時代図誌』第一七巻　畿内一　西川幸治・木村至宏編　筑摩書房　一九七七
『探訪日本の庭』（一〇）関東・東北　小学館　一九七九
『探訪日本の庭』（一一）九州・四国　小学館　一九七九
『探訪日本の庭』（三）山陽　小学館　一九七九
朝日文左衛門「鸚鵡籠中記」（四）（『名古屋叢書続篇』第一二巻　一九六九）

第四章

「純堂叢稿」（『東京市史稿――遊園篇』第二　東京市役所篇　一九二九　所収）
「尾張藩邸記」（『東京市史稿――遊園篇』第二　東京市役所篇　一九二九　所収）
戸田茂睡「紫の一本」（『戸田茂睡全集』一九三五　所収）
「尾侯戸山荘記」（『東京市史稿――遊園篇』第二　東京市役所篇　一九二九　所収）
「文恭院殿御実紀」（『続徳川実紀』第一編　『国史大系』第四八巻　吉川弘文館　一九六六）
「文恭院殿御実紀付録巻二」（『続徳川実紀』第二編　『国史大系』第四九巻　吉川弘文館　一九六六）
小寺武久『尾張藩江戸下屋敷の謎』（中公新書）　中央公論社　一九八九

針ヶ谷鐘吉「戸山荘の面影」（『庭園襍記』西ヶ原刊行会　一九一五）
白幡洋三郎「花見と都市江戸」中村賢二郎編『歴史のなかの都市』ミネルヴァ書房　一九八三
本間清利『御鷹場』埼玉新聞社　一九八一
村上直・根崎光男『鷹場史料の読み方・調べ方』雄山閣出版　一九八五
「新見正路記」（『東京市史稿――遊園篇』第二　東京市役所編　一九二九　所収）
R・アレヴィン、K・ゼルツレ『大世界劇場――宮廷祝宴の時代』円子修平訳　法政大学出版局　一九八五
Ph・ボーサン『ヴェルサイユの詩学――バロックとは何か』藤井康生訳　平凡社　一九八六
「風俗画報」第五十八号明治二十六年九月
「風俗画報」第五十一号明治二十六年三月
岡崎文彬『造園の歴史』Ⅱ　同朋舎　一九八二
Arnoldus MONTANUS, *Gedenkwaerdige Gesantschappen der Oost-Indische Maetschappen in't Vereenige Nederland, aen de Kaisaren van Japan*, Amsterdam, 1669（『東インド会社遣日使節紀行』）
GOTHEIN, M. L., *Geschichte der Gartenkunst*, II, Jena, 1915
「名園記」（『東京市史稿――遊園篇』第一　東京市役所編　一九二九　所収）
「紀の柴折」（『南紀徳川史』堀内信編　名著出版　一九七〇～一九七二）
「守国公御伝記」（『東京市史稿――遊園篇』第二　東京市役所編　一九二九　所収）

第五章

森蘊編『日本の庭園』　吉川弘文館　一九六四
森蘊『日本史小百科19・庭園』　近藤出版社　一九八四
重森三玲『日本庭園史図鑑』（全二六巻）　有光社　一九三六〜一九三九
重森三玲・重森完途『日本庭園史大系』（全三六巻）　社会思想社　一九七一〜一九七六
龍居松之助『近世の庭園』　三笠書房　一九四二
「甲府日記」（『東京府文献叢書』所収　東京都公文書館）
「浜庭御供の記」（『東京府文献叢書』所収　東京都公文書館）
小杉雄三『浜離宮庭園』（東京公園文庫一二）　郷学社　一九八一
小杉雄三『旧芝離宮庭園』（東京公園文庫三）　郷学社　一九八一
川路聖謨「遊芸園随筆」『日本随筆大成　第一期　二三』日本随筆大成編輯部　吉川弘文館　一九七六
福井久蔵『諸大名の学術と文芸の研究』（上・下）　原書房　一九七六

終章

小沢圭次郎「明治庭園記」『明治園芸史』（復刻版）日本園芸研究会編　有明書房　一九七五
松平定信「花月草紙」『日本随筆大成　第三期　一』日本随筆大成編輯部　吉川弘文館　一九七六
玉井哲雄「江戸の都市計画」（「週刊朝日百科」）日本の歴史七二号　朝日新聞社　一九八七

川添登『東京の原風景——都市と田園との交流』（ちくま学芸文庫）筑摩書房　一九九三
Conder, Josiah, *Landscape Gardening in Japan.* (Supplement)　Kelly & Walsh 1893（『日本の風景造園術』）
尼崎博正編『植治の庭——小川治兵衛の世界』淡交社　一九九〇
黒田天外『続々江湖快心録』一九一三
東京市役所公園課編纂『東京市史蹟名勝天然記念物写真帖』一九二二

あとがき

大名庭園をまともに取り扱った本は、これまで一冊もなかった。本書が初めての大名庭園史の試みだとひそかに自負している。

私が大名屋敷の庭園について書きたいと思った動機は、日本庭園史があまりにも京都中心に描かれすぎではないかと常々思っていたからである。日本庭園史は、じつに京都の庭園史かと思われるほど、それ以外の庭園については淡泊である。冷たいといってもよいくらいだ。なるほど千年以上にわたった都に、庭園文化が花開き、日本を代表する庭園の多くは、京都に生まれたと考えるのももっともである。京都の庭園を見てゆけば日本の庭園はほぼ理解できると考える人がいても当然だ。たしかに京都の庭園文化の厚みはすごい。けれども近世江戸時代の二百六十余年を考えると、日本の政治首都であり、最大の都市文化を形成した江戸に庭園文化がなかったと見ることはできない。それどころか江戸時代の庭園を抜きにして日本の庭園史を語れないことは本書を読んでわかってもらえたはずだ。

大名庭園とは、大枠としては江戸時代の大名がつくりだした庭園群を指す。だが、様式としての大名庭園は、たんに大名が営んだ庭園ではなく、回遊の機能を備え、園遊がゆったりと行える、規模の大きい庭園に限られる。しかしそんな大規模なものに限っても、江戸時代には千にも及ぶ庭園が存在したと考えられる。庭園の歴史の中で、これほどの勢力を誇る庭園様式はないだろう。ところが、江戸時代の庭園についての研究は貧弱だった。そこで当然ながら江戸や各地の城下町に生まれた大名庭園についても、じつに乏しい研究成果しかなかったのである。

その原因は、近代の庭園観に求められると思う。視覚を通して庭園の造形のみ評価する。そんな姿勢が、額縁に収めて観賞できるような庭園ばかりを取り扱うことにつながっていったのである。多くの庭園史、庭園論は、視覚上の観賞にしばられすぎている感じがする。庭園はたんに自然の素材を利用した造形芸術ではない。芸術作品であるとしても、視覚だけを満足させる芸術ではなく、それを使って楽しみ、その中で暮らす生きた総合芸術なのである。庭園の歴史は、文化史のみならず芸術史、政治史、思想史、社会史、生活史などとしても見てゆく必要がある。とくに大名庭園が武家社会と公家社会をつなぎ、しかも当時の芸能・芸術の全体を取り込んで成立していたことを考えると、庭園の総合芸術的性格は、江戸の大名庭園において極めて顕著にうかがえるのである。

大名庭園の総合性は社交の機能に注目すると明らかになる。そこに発揮される総合性を解体して視覚体験にのみ限定してしまうと、庭園の価値をひどく矮小化してしまうことになる。そこで、本書では、西洋のバロック庭園との様式や機能との比較を少し試みた。まだまだ不充分とは思いつつ、こんな視角を広げたいとの思いからである。東西庭園の造形上の差違を比較したものはあるが、その機能における相違を論じる姿勢はほとんどみられない。この点でも少々冒険を試みているが、これも庭園を総合的にとらえようとする気持ちのあらわれだと理解していただければと思う。大名庭園は、とくに武家・大名の暮らし全体にかかわる屋外の装置と見なければその性格の全体をとらえることができない。

大名屋敷は高い塀に取り囲まれ、その内部をうかがうことは江戸時代にも難しかった。そしてその内部を知ることができる時代、明治維新の到来とともに大名屋敷のほとんどが姿を消した。そこで屋敷内の大名庭園も歴史の中に埋もれてしまったのである。

私は、消えた大名庭園をさぐるなかから、江戸（つまり場所としての江戸と、時代としての江戸）の代表的庭園文化を明らかにして、江戸の武家社会・武家文化の一端を描き出したいと考えた。その試みは成功しているかどうか、じつは不安がある。というのも、大名庭園に関しては、すばらしい図面がまだまだ各地に残っているからだ。そのわずかな一部は、本書にも紹介したが、庭園の全体を鳥瞰したもの、園内各所の景観を詳しく描いたもの、そしてそれが美しく彩色されたものが多数残されているのである。大名庭園そのものに並んで、貴重な文化財といってよい。これらを十分に使いこなしたとはとても言えない。

もう一つは考古学の成果である。近年、考古学の成果は古代・中世から近世にまで及びつつある。近世考古学の成果と図面や文書などの史料をつきあわせて、江戸時代の社会を生き生きと再現する手だては整いつつある。紙幅の制約もあるとはいえ、その成果をほとんど取り入れることはできなかった。

初めての試みを自負しながらも、ずいぶん遺漏は多く、不安もある。だがあえて京都中心庭園史、視覚中心庭園史の風潮に一石を投じてみようと、現在までのまとめを試みた。いずれ図面だけでも、その膨大な堆積の全貌を明らかにしたいと思っている。

こんな研究途上の一里塚をまとめるにあたっても、多くの方々の手を煩わせた。お世話になった方々に心からの謝意を表したい。また今回も、期限ぎりぎりになってようやく文字を紙に記しはじめる筆者の習性に、編集の池ノ上清氏が辛抱強くつきあってくれた。同氏に心から感謝したい。性癖からして、もうこんなことはないと約束できないのがつらいけれども。

一九九七年三月三日

白幡洋三郎

解説

尼崎博正

『大名庭園』がはじめて世に出た時、庭園史研究の世界に衝撃が走った。二十数年前（一九九七年）のことである。

もちろん、大名庭園についての研究がなかったわけではない。また本書が出版される十数年前の一九八一年には、東京都の所管となって公開されている浜離宮、六義園、芝離宮、小石川後楽園などの解説書が「東京公園文庫」シリーズ（東京都公園協会監修）に収録されるなど、江戸の大名庭園は身近な公園として人々に親しまれる存在となっていた。

問題は、日本庭園史の専門家といわれる人たちの大名庭園に対する認識にあった。「ほとんど例外的に江戸時代の庭園を評価した」龍居松之助（『近世の庭園』一九四二）を除いて。白幡氏は言う。

「大名庭園は、長らく貶められてきた。説得力ある価値否定の論拠がないにもかかわらず、いわれのない「堕落」という決めつけに甘んじてきたのである。」

「貶められてきた」理由は、「視覚を通して庭園の造形のみを評価」する近代の庭園観にあったとし、「視覚だけを満足させる芸術ではなく、それを使って楽しみ、その中で暮らす生きた総合芸術」として庭園全体を捉えなおすことが、正しく総合的に評価する視点になると氏は主張する。その上で、

「庭園の歴史は、文化史のみならず政治史、思想史、社会史などとしても見てゆく必要がある。とくに大名庭園が武家社会と公家社会をつなぎ、しかも当時の芸能・芸術の全体を取り込んで成立していたことを考えると、庭園の総合芸術的性格は、江戸の大名庭園において極めて顕著にうかがえるのである。」

との考えを示している。

このような観点からあらためて日本庭園の歴史を紐解くと、鑑賞もさることながら、むしろ「遊びと儀式の空間」としての姿が浮かび上がってくるではないか。無意識のうちに陥っていた奈落から掬ってくれるのが本書であり、さらには、これまでの庭園史の常識をさらりとくつがえし、日本庭園の本質を鮮明にしたことに大きな意味があると思う。

まず大名庭園の成立を初期における茶の儀礼から説き起こし、やがて「茶事のためだけ

にあった庭園が、もっと多様な目的に向けられ、その規模も、その機能も膨らませていった。その中に生まれた独特の様式が、大名庭園であった。」とする。多様な目的と機能とは「饗宴」であり、「遊び」にほかならない。

章を追って、小石川後楽園が「都ぶりへのあこがれ」をこめた「和漢共存の庭」であるのに対して、六義園《むくさのその》は「和歌のみやびな遊びにひたる姿勢を示そうとするもの」とするなど、その性格を解いていく。白幡氏らしいのは、小石川後楽園が東福門院を通じて後水尾院の関心をひき、また六義園にいたっては霊元上皇から「十二境八景」を詠んだ歌が贈られた話を、次のように位置づけていることであろう。

「京都の朝廷と江戸の幕府との庭園を通じた交流がこのような形でも行われていたことは公家と武家のあいだで、庭園の趣味や造園様式上に共通のものが生まれる基盤があったことを示す。」

「寛永文化論」の深化といえようか。

さらに「公的な儀礼空間」であるとともに「饗宴の庭」、すなわち社交の場として機能した大名庭園の特徴について、十一代将軍家斉の遊興ぶりを克明にトレースしながら論をすすめるのだが、なかでも尾張藩下屋敷「戸山荘」での多彩な遊びは圧巻である。家斉は庭園史家の針ヶ谷鐘吉が「園癖将軍」と命名（「戸山荘の面影」『庭園襍記』一九三八年）したほどの庭園マニアで、建築史家の小寺武久も、庭園内に宿場町をそっくり再現するなど意表を突く舞台設定の戸山荘を分析しながら江戸の都市文化論を展開（『尾張藩江戸下屋敷の謎』一九八九年）するなど、大名庭園は他分野の研究者にとっても興味深いテーマであるらしい。

ここでも白幡氏の面目躍如たる論がみられる。それは「バロック庭園」の頂点に立つヴェルサイユ庭園との比較においてである。言うまでもなく、この庭園は十七世紀の後半に宮廷庭師のアンドレ・ル・ノートルがルイ十四世のためにつくったものだが、「どちらも饗宴と社交をその重要な機能としてもっていた点」で大名庭園と比較しうるという。詳しい分析の過程はさておき、両者の相違点を、「バロック庭園と大名庭園とをつなぐのが饗宴と社交であるとはいえ、その中味はやはり異なる。そしてその違いが、双方の庭園の規模や意匠の違いにつながり、またその後の発展の違いにもつながっている。」と結論づけている。

このような日本庭園だけを専門とする研究者ではなしえない視点から大名庭園を論じるという離れ業の由来は、白幡氏がたどってきた研究遍歴から窺い知ることができる。

少し長くなるが、『庭園の美・造園の心――ヨーロッパと日本』（二〇〇〇年）の「あとがき」に自ら述べている言葉を引用しておこう。

「私の造園史への最初の関心は、都市建設史への興味ともつながっており、近代に注目するところからはじまった。そしてドイツを中心に西洋近代の造園の特徴を研究することが長く続いた。

つぎの関心は、外国とくに西洋と日本が出会う、幕末・明治の居留地の建設過程を明らかにすることだった。そこで取り組んだのが幕末から現在に至る日本の公園の変遷史である。その後、日本の公園史の背後に江戸時代に大きく育った庶民の行楽地や庭園の歴史があると感じて、江戸時代造園史に首を突っ込んだ……。

振り返ってみると私の関心はまず西洋に向かい、ついで西洋と密な接触をもった時期の日本へ、そして日本の過去へと移動している。」

文中の「西洋近代の造園」の研究は京都大学博士課程在学中に留学した西ドイツ・ハノーファー工科大学（当時）で培われたものであり、「都市建設史」および「日本の公園の変遷史」については『近代都市公園史の研究——欧化の系譜』（一九九五年）として結実している。また「庶民の行楽」に関連しては『花見と桜——日本的なるもの再考』（二〇〇〇年）などがあり、いずれも日本と西洋、その比較文化論的様相を呈しているのが特徴といえる。

最終章へ向かう中で、大名庭園の空間的特徴として、大きな池の存在や芝生の広がりから生みだされる「のびやかさ」、また遊びの多様性と場面転換に欠かせない「回遊式」について論じるとともに、江戸の大名庭園が生み出した「日本庭園史上前例のない様式」とする〝潮入りの庭〟が演出する効果にも言及していく。

さらに、おそらくは数千にものぼったであろう大名庭園が明治維新によって衰退していく姿を小澤圭次郎の「明治庭園記」（『明治園藝史』一九一五年）などを援用しながら検証するのだが、なかでも大名庭園の後継者が近代庭園の先覚者・七代目小川治兵衛（植治）とする独自の考えに注目したい。

七代目小川治兵衛（以下、植治）の研究が本格化したのは四十年余り前のこと、造園を志す京都大学の若き学徒たちが「造園技術史研究会」なるものを組織して旺盛な調査活動を繰り広げたことにはじまる。研究会のメンバーがそれぞれ学会等で発表していた成果をまとめたのが『植治の庭――小川治兵衛の世界』（尼崎博正編著、一九九〇年）であり、その後の新知見を含めて伝記的に総括したのが拙著『七代目小川治兵衛』（二〇一二年）である。

「造園技術史研究会」の活動と同じ頃、建築史家の鈴木博之も植治に傾倒し、その特色と庭園史上での位置づけについて次のような評価をくだしている（「明治から昭和にいたる数寄屋――植治の世界（数寄屋と現代建築）」『建築雑誌』一九八二年）。

「具体的な作庭技術にあるというよりも、むしろ和風庭園を近代の日本に適合するように再編していったところに求められるのではないだろうか。……小川治兵衛の庭園を通じて明治から昭和初期の庭園を考えるとき、そこには和風庭園から和洋折衷庭園への変化よりも、むしろ象徴主義的庭園から自然主義的庭園への変化が、より重要な要素として看取されるのである。」

また、「造園技術史研究会」のメンバーであった庭園史家の小野健吉氏も植治の作庭を中心とする近代京都の庭園について、「明治中期から昭和初期にかけての京都に築造された自然主義風景式庭園は、……近世以前の日本庭園の象徴主義的なデザインを払拭した点において、日本庭園史上の一つの画期をなすものであり……」(『京都を中心にした近代日本庭園の研究』二〇〇〇年)との見解を示している。

これらを踏まえて私は、「日本の近代庭園は、象徴主義を払拭して自然主義へと向かう時代を反映しているところに本質的な特徴があり、その潮流のなかで、植治が果たした役割の一つが近代数寄空間の創出であったといえよう。」(前掲『七代目小川治兵衛』)と位置づけたが、近代庭園が新たな形で大名庭園を受け継いだとする白幡氏の主張は、むしろ鈴木の言う「近代の日本に適合するように再編」したとの見方に近いといえよう。

かくのごとく、白幡氏の論調はじつに自由闊達かつ奔放極まりないが、ここで本書の本質は?と問われれば、ありふれた言い方かもしれないが、既成の概念にとらわれず、常識を疑い、客観的かつ相対的に物事と対峙する姿勢にあると思う。

そういえば、私の手元に『文明としての徳川日本――一六〇三―一八五三年』(二〇一七年)と題する一冊の本がある。著者の芳賀徹先生から頂戴したものだが、その凄まじさに感動を覚えた。内容をどれほど理解できたかはさておき、はかり知れなく深遠な、革命的ともいえる比較文化論に圧倒されたのである。その感動は『大名庭園』を手にした時以上のものかもしれない。

芳賀先生が国際日本文化研究センターで仕事をはじめられたのは一九九一年のこと、当時の有様を次のように述懐されている。

「そこの新同僚笠谷、白幡氏も加わって、それぞれ得意のテーマで快筆を揮った。編者にとっても忘れがたい爽快にして重厚な、徳川日本研究史上一つのモニュメントとなるべき一冊であった。」

この一冊の本こそ、一九九三年に刊行された「叢書比較文学比較文化」第一巻の『文明としての徳川日本』にほかならない。序論は編者の芳賀先生、白幡氏も「植物を愛でる都市」と題する論考を寄せている。いま私が手にしている『文明としての徳川日本』は、その序論部分を独立させて新たに出版しようと計画されたもので、初校ゲラが出来上がってから長らく眠っていたという。この初校ゲラの放置されていた場所が、じつは私の身近であったとは……。

一九九九年に芳賀先生が京都造形芸術大学の学長として赴任されてこられた時、私は京都芸術短期大学学長の任にあった。隣り合わせの執務室で互いに行き来もあったから、机の上のゲラ入り紙袋も見ていたに違いない。懐かしい限りであるが、まさに新進気鋭の白幡氏の姿が目の前に浮かび上がってくるようだ。

ところで、白幡氏自身が残念がっている面も本書にはある。それは紙幅の制約ゆえに、近年とくに進展目覚ましく、文化財庭園の修復にとって最大の武器ともいえる考古学的（発掘）調査の成果をほとんど取り入れることができなかったことであるという。

考古学、すなわち発掘調査はじつに面白い。庭園の造成過程からその後の変遷までが赤裸々になるからだ。その結果、いま見えているのとは全く異なる作庭当初の風景が明らかになったりもする。それはそれとして、私の興味はそれだけでおさまらない。土の中には造園に携わった職人さんたちの美意識と心意気、その誇りの結晶ともいうべき知恵と工夫が封印されている。彼らの技こそが大名庭園の特徴の一つ、「ディテール文化」を支えているのではなかったか。

たとえば小石川後楽園では、史資料の調査と発掘調査の成果を照合しつつ、円月橋の解体修復、大池泉の護岸修復、白糸の滝の修復等々、着々と修復整備が進み、現在は唐門が復元されようとしている。その過程で様々なことが明らかになったが、内庭の石橋修復工事を見ていて驚いたことがある。

中島から池の西岸に架かる石橋は、両岸から差し出された板石と板石との間に、宙に浮くがごとくもう一つの板石を載せている。よくも落ちないものだ。両岸の板石の固定にはどのような工夫がなされているのだろう。背後の掘削により、かねてよりわだかまっていた疑問が一気に解決した。答えは簡単、反りをもつ両岸の板石は地中へと斜めに長く伸びており、その端部を縦方向に深く打ちこんだ石柱の切り込みへ食い込ませることによって持ち上がらないようにしているのである。渡る人はヒヤヒヤものであったに違いない。石工のほくそ笑む顔に脱帽。

庭園のみならず、建築をみても、収まりの極めて難しい三角形の茶室や栄螺《さざえ》堂をつくったりしている。それもこれも、江戸の人々の遊戯的感覚に、あらゆる職種の職人たちが高度な技術を振り絞って、そして時には「遊び心」で応えたものといえるのではないだろうか。

その「遊び心」がひしひしと伝わってきて、つい微笑んでしまう大名庭園もある。本丸の木造天守閣再建で最近話題をさらった名古屋城、その二之丸庭園の整備にともなう園池の発掘調査で目にした痛快な職人技を披露しておこう。

豪壮な石組みで知られるこの園池だが、不思議なことに、護岸を形成する巨石群の基底部に漆喰で乱杭が造形されていたり、擬岩が彫刻されているところもある。そのミスマッチゆえに、識者の間では明治六年に陸軍省の管轄となって以降の改修との見方がされてきた。しかし、その見事さは唯ものではない。これは江戸時代の職人技だと直感。よく見ると、水面に近い漆喰護岸の肩には、まるで今、水面から這い上がってきたばかりのような亀の姿が浮き彫りにされているではないか。発掘調査が進むにつれ、私の直感が図星であったことが明らかとなったが、この庭園に関しては、文政期に十代藩主斉朝が大改修を行なった時の様子を描いた『御城御庭絵図』が蓬左文庫に遺されている。その華やかさもさることながら、あの戸山荘を造営した尾張藩のお膝元である。さもありなん。

かくのごとく、庭園で遊びに興じる人々の姿とともに、その舞台をつくりだした職人さんたちの心意気に目を向けることによって、大名庭園の新たな魅力が見えてくるように思う。

蛇足だが、若いころ、白幡氏と私は「芸者と医者と学者は断らない」を合言葉に、いつでも、どんな仕事でもありがたく引き受けて、誠心誠意、力を尽くすことを誓った覚えがある。そうすることによって摑み取った全てを吞み込みながらここまでやってきた。これからも、できうる限りそうありたいと願っている。

ラ行

ナ行

ハ行

マ行

ヤ行

サ行

タ行

【索引】

ア行

カ行

本書は、一九九七年四月一〇日、講談社から講談社選書メチエとして刊行された。

東京都市計画物語　越澤明

関東大震災の復興事業から東京オリンピックに向けての都市改造まで、四〇年にわたる都市計画の展開と挫折をたどりつつ新たな問題を提起する。

新版大東京案内（上）　今和次郎編纂

昭和初年の東京の姿を、都市フィールドワークの先駆者が活写した名著。上巻には交通機関や官庁、デパート、盛り場、遊興、味覚などを収録。

グローバル・シティ　サスキア・サッセン／伊豫谷登士翁監訳／大井由紀／髙橋華生子訳

世界の経済活動は分散したのではない、特権的な大都市に集中したのだ。国民国家の枠組みを超えて発生する世界の新秩序と格差拡大を暴く衝撃の必読書。

東京の空間人類学　陣内秀信

東京、このふしぎな都市空間を深層から探り、明快に解読した定番本。基層の地形、江戸の記憶、近代の都市造形が、ここに甦る。図版多数。（川本三郎）

東京の地霊《ゲニウス・ロキ》　鈴木博之

日本橋室町、紀尾井町、上野の森……。その土地に堆積した数奇な歴史・固有の記憶を軸に、都内13カ所の土地を考察する「東京物語」。（藤森照信／石山修武）

空間の経験　イーフー・トゥアン／山本浩訳

人間にとって空間と場所とは何か？　それはどんな経験なのか？　基本的なモチーフを提示する空間論の必読図書。（A・ベルク／小松和彦）

個人空間の誕生　イーフー・トゥアン／阿部一訳

広間での雑居から個室住まいへ。回し食いから個人用食器の成立へ。多様なかたちで起こった「空間の分節化」を通覧し、近代人の意識の発生をみる。

自然の家　フランク・ロイド・ライト／富岡義人訳

いかにして人間の住まいと自然は調和をとりうるか。建築家F・L・ライトの思想と美学が凝縮された名著を新訳。最新知見をもりこんだ解説付。

マルセイユのユニテ・ダビタシオン　ル・コルビュジエ／山名善之／戸田穣訳

近代建築の巨匠による集合住宅ユニテ・ダビタシオン。そこには住宅から都市まで、ル・コルビュジエの思想が集約されていた。充実の解説付。

万葉の秀歌　中西進

万葉研究の第一人者が、珠玉の名歌を精選。宮廷の貴族から防人まで、あらゆる地域・階層の万葉人の心に寄り添いながら、味わい深く解説する。

日本神話の世界　中西進

記紀や風土記から出色の逸話をとりあげ、かつて息づいていた世界の捉え方、それを語る言葉を縦横に考察。神話を通して日本人の心の源にわけいる。

解説 徒然草　橋本武

『銀の匙』の授業で知られる伝説の国語教師が、「徒然草」より珠玉の断章を精選して解説。その授業実践が凝縮された大定番の古文入門書。（齋藤孝）

解説 百人一首　橋本武

灘校を東大合格者数一に導いた橋本武メソッドの源流と実践がすべてわかる！　名文を味わいつつ、語彙や歴史も学べる名参考書文庫化の第二弾！

江戸料理読本　松下幸子

江戸時代に刊行された二百余冊の料理書の内容と特徴、レシピを紹介。素材を生かし小技をきかせた江戸料理の世界をこの一冊で味わい尽くす。（福田浩）

萬葉集に歴史を読む　森浩一

古の人びとの愛や憎しみ、執念や悲哀。萬葉集には、数々の人間ドラマと歴史の激動が刻まれている。考古学者が大胆に読む、躍動感あふれる萬葉の世界。

ヴェニスの商人の資本論　岩井克人

〈資本主義〉のシステムやその根底にある〈貨幣〉の逆説とは何か。その怪物めいた謎をめぐって、明晰な論理と軽妙な洒脱さで展開する諸考察。

現代思想の教科書　石田英敬

今日我々を取りまく〈知〉は、4つの「ポスト状況」から発生した。言語、メディア、国家等、最重要論点のすべてを一から読む！　決定版入門書。

プラグマティズムの思想　魚津郁夫

アメリカ思想の多元主義的な伝統は、九・一一事件以降変貌してしまったのか。「独立宣言」から現代のローティまで、その思想の展開をたどる。

ちくま学芸文庫

大名庭園《だいみょうていえん》　江戸《えど》の饗宴《きょうえん》

二〇二〇年三月十日　第一刷発行

著者　白幡洋三郎（しらはた・ようざぶろう）

発行者　喜入冬子

発行所　株式会社　筑摩書房
東京都台東区蔵前二―五―三　〒一一一―八七五五
電話番号　〇三―五六八七―二六〇一（代表）

装幀者　安野光雅

印刷所　明和印刷株式会社

製本所　株式会社積信堂

ISBN978-4-480-09968-6 C0121